子どもの気になる症状と問題行動

背景とその対応法

田原 俊司 著

健学社

イラスト／大橋 慶子

まえがき

養護教諭は、心身の健康に問題のある児童生徒だけでなく、心身が健康な児童生徒についても健康の増進が図られるよう指導・助言する役割が求められています。また、先生方や保護者から心身の健康状態を含む多様な問題に対して相談を受ける機会も多くなりますので、学校における子どもたちの心身の諸問題への対応に関して、まさに中心的な役割を担っているといえます。

堅い話になりますが、小学校、中学校、高等学校の養護教諭が子どもたちの心身の健康問題に中心的な役割を担うことは、学校教育法第28条、第40条、第50条第2項に規定されています。また、昭和47年に出された「保健体育審議会答申」では、専門的立場からすべての児童生徒の保健及び環境衛生の実態を的確に把握し、先生方と連携して子どもの心身の健康の増進を図ることが明記されています。養護教諭の具体的職務内容としましては、「学校保健情報の把握」「保健指導・保健学習」「救急処置及び救急体制」「健康相談活動」「健康診断・健康相談」「学校環境衛生」「学校保健に関する各種計画・活動及びそれらの運営への参画」「伝染病の予防」「保健室の運営」に関することが挙げられています。

近年、養護教諭の多様な職務の中でも、子どもたちの学校における心の健康問題への対応が重要になってきています。このことは、平成9年に出された「保健体育審議会答申」の中で、養護教諭の新たな役割として「養護教諭は、児童生徒の身体的不調の背景に、いじめなどの心の健康問題がかかわっていること等のサインにいち早く気付くことのできる立場にあり、養護教諭のヘルスカウンセリング（健康相談活動）が一層重要な役割を持ってきている。・・・・養護教諭については、現代的課題など近年の問題状況の変化に伴い、健康診断、保健指導、救急処置などの従来の職務に加えて、専門性と保健室の機能を最大限に生かして、心の健康問題にも対応した健康の保持増進を実践できる資質の向上を図る必要がある」といった指摘からも明らかです。児童生徒は、精神的諸問題によるストレスを頭痛・腹痛・目の痛み・生理痛など身体症状として表現することが多く、養護教諭はこれらのサインを受け取りやすい立場にいるといえます。

ただし、子どもが発しているサインを受け止めることができるかどうかは、第一に、子どもの話を受容・傾聴・共感できるヘルスカウンセリング技能を持ち得ているかどうかにかかっています。子どもたちは養護教諭が受容してくれそうだと感じますと、担任など先生方に見せない言動を、養護教諭には見せるようになります。第二に、養護教諭が子どもたちの心身の諸問題が起きる理論的背景を踏まえた上で、実践的に対応できるかどうかという「理論と実践との往還」を行うことができるかどうかが重要になります。ケースによっては、子どもたちの話を傾聴・共感するだけにとどまらず、子どもたち・保護者にアドバイスや指導を行うとともに、学級担任や校内の関係職員、学校医、スクールカウンセラー、スクールソーシャルワーカー、医療機関、児童相談所等との連絡調整・コーディネーターの役割をすることが求められます。

本書は、子どもたちの心身の諸問題に対して「理論と実践との往還」を図ることができることを念頭に、養護教諭が関係機関とどのように連絡調整・コーディネートしていけばいいのかを考える材料を提供しています。50事例ありますが、まずは全体を通読していただき、本書で紹介した事例と類似した子どもが相談に来た場合には、もう一度、本書を参照していただき、今後の対応のめどを付けてください。

最後になりましたが、本書の出版に際して多くの貴重なご示唆をいただいた㈱健学社社長の細井健司さん、編集部の皆さまにこころから感謝を申し上げます。健学社の皆さまの温かなご支援・ご示唆がなければ、本書は出版できなかったと思います。

２０１５年2月　　田原　俊司

子どもの気になる症状と問題行動 もくじ

第1章 ストレス・心の病

第2章 体の問題

第3章 学校生活

第1章

ストレス・心の病

事例1

毛を抜いてしまう子

「無意識のうちに髪の毛を抜いてしまう」「気がつくと、たくさんの毛が足下に落ちている」「気づいても抜くのをやめられない」。このような性癖を抜毛症あるいは抜毛癖などとよんでいます。抜毛症の子どもの対応法を考えてみましょう。

抜毛症

抜毛症は、精神疾患に関して国際的に用いられている診断基準であるDSM－5では「強迫症および関連症群（強迫性障害および関連障害群）」と診断されています。衝動にかられ、頭髪や眉毛、まつげ、陰毛などの体毛を自分で引き抜いてしまいます。人によっては頭頂部の毛のほとんどを抜いてしまう場合もあります。

正確な罹患《りかん》率の統計はありませんが、0.5～2％が抜毛症であるとする研究者もいます。以前は非常に珍しい症状だと考えられていましたが、現在ではかなりの人が、この問題で悩んでいるようです。大学生を対象とした最近の調査では、学生の1～2％が、かつて、あるいは現在、抜毛症の体験をしているという報告があります。

抜毛症が出現する時期としては、幼稚園や小学生など幼少期に最初の抜毛の兆候が現れるケースが多く、5～8歳あるいは13歳前後の思春期前である場合が、かなりの数を占めます（ただし成人後に起こるケースもないわけではありません）。幼少期に見られる抜毛症は、男女ほぼ同数ですが思春期以降になると女性に多く見られるようになります。

一般的には、成長とともに（あるいは一定の期間が過ぎると）抜毛症はなくなっていき、抜けた毛も回復していきます。ただし何らかのきっかけがあると、再び頭髪を抜くようになったり、抜毛が継続することもありますので、このような場合には対応が必要となってきます。

衝動にかられ頭髪を
引き抜いてしまい
満足感や喜悦感を味わっている

抜毛症の症状

本人が毛を抜いていることを自覚していることもありますが、まったく気づいていないこともあります。集中的に引き抜いてしまう場合、脱毛斑が出来てしまいます。脱毛斑は、手の届きやすい前頭部や側頭部の利き手側に現れることが一般的です。脱毛部が類円形のときは円形脱毛症と見誤りやすいのですが、円形脱毛症のように毛が抜けやすくなっているということはありません。抜毛症では頭髪の一部を指でつまんで抜くため、脱毛部分は不規則な形をしていることが多く、毛の先端は折れたように、あるいは引きちぎられたようにざらざらしています。

毛を食べてしまう食毛症（異食症）を合併していたり、脱毛の際にできた地肌の傷のかさぶたを食べてしまう子どももいます。また、抜毛症では、毛髪に限らず、眉毛やまつげ、陰毛などの体毛を無理やり引き抜き、引き抜いた後しばらくの間は我慢できるのですが、再び生えてくると抜いてしまうケースもあります。爪をかんだり、指を吸ったり、チックとよばれる周期的にくり返す筋肉の収縮などが同時に認められることもあります。

抜毛症の判断

以下の特徴があると、抜毛症の可能性があります。

・継続的な抜け毛の行為により、顕著な脱毛箇所がある
・抜け毛の直前に神経の高まりを感じるか、または毛を抜きたい欲望を抑えるときに緊張を覚えている
・抜け毛を行うことによって、満足感、喜悦感または安堵《あんど》感を味わっている
・抜け毛の行為は、本人の生活、職業、社会的活動、人間関係を著しく妨害している

さらに正確を期して抜毛症であるかどうかを判断したいという場合には、「抜毛症DSM－5定義」とインターネットで検索してください。さらに詳細な定義を知ることができます。

原因と治療法・対応法

原因としては、食事やストレス、遺伝的要因、加齢、皮膚の炎症、薬の副作用などさまざまな要因が複合して起こるものとされ、単独での明確な原因は明らかではありません。

かつては、孤独感や劣等感、怒り、悲しみなどによるストレスや不安を抑えることができないことが主因と考えられてきましたが、近年は、神経細胞と脳のコミュニケーションの一部に支障があるという説や、遺伝子説なども提唱されるようになっています。

対応ですが、抜毛症は通常は成長とともに自然と治まっていきます。抜いた毛も次第に回復して

目立たなくなりますので、無理に毛を抜く行為をやめさせるのではなく、抜毛症で悩んでいる子どもの話をよく聞き、気持ちを受け止めることが求められます。

また、保護者によっては子どもを叱ってしまいますので、先生方から保護者には、余計なストレスを子どもにかけるのではなく、周囲の人々が温かく接することで次第に抜毛症が治まっていくことを説明してください。ただし、まれに成長しても抜毛症が治まらないケースがあります。このような場合には、皮膚科や精神科で相談するようにご指導ください。

子どもを叱るのではなく
周囲が温かく接してあげることで
抜毛症は治まる

すべての人に効く治療法は残念ながらまだ発見されていませんが、治療方法としては、薬物療法（ＳＳＲＩなどの抗うつ薬や抗不安薬）、カウンセリングが実施されることが多いようです。

また、抜毛行為に対してストレスを感じており、「日常生活で一時的にも抜毛を行わないように気をつけたい」と子どもが言う場合には、先生方から一時的な対処法をご指導ください。一時的な対処法としては、

「すべりのよい薄手の手袋を着用して眠る」
「フェイスタオルなどを頭に巻いておく」
「ガーゼ付きばんそうこうを指に巻く」
「ゴムの指ぬきを付ける」
「爪を短く切る（または逆に長く伸ばす）」

などが効果的です。

抜毛しようとしたとき、抜くことを認識したり、抜くことが困難となるためです。

ストレス・心の病

「目が細すぎる」「鼻が低すぎる」「プロポーションが悪い」といったように、自分の顔立ちや体形に自信が持てず、過度に容姿を気にする子どもがいます。自分の顔や体に劣等感を抱くことは珍しくありませんが。どう対処すればいいのでしょう。

事例2

自分の容姿が「醜い」と思っている子

醜形恐怖症／身体醜形障害

保護者や友だち、先生方など周囲の人からは欠点と思えないにもかかわらず、自分の顔や体形を「醜い」と考えている子どもがいます。容姿に問題がないと説得しても、それを受け入れず、かたくなに拒否するようであれば醜形恐怖症／身体醜形障害（以下身体醜形障害）かもしれません。

「顔が平面的であることを嫌がり、彫りを深くするために眉毛を強くたたいてしまう」「目が細いため、カッターナイフでまぶたの一部を切ってしまった」といった行動をとる子どももいるほどです。

国際的に用いられている診断基準であるＤＳＭ－5では、身体醜形障害を次のように規定しています。

・一つまたはそれ以上の知覚された身体上の外見の欠陥または欠点にとらわれているが、それは他人には認識できないか、できても些細なものに見える

・外見上の心配に反応して、くり返し行動（例：鏡による確認、過剰な身繕いなど）、または精神的行為（例：他人の外見と自分の外見を比較する）を行う
・その外見へのとらわれ方は、臨床的に意味のある苦痛、または社会的、職業的、または他の重要な領域における機能の障害を引き起こしている

本人は、自分の醜さが周囲の人たちに不快感を与え、軽蔑されているに違いないと思い込んでいます。醜いと訴える部分は目や鼻などの顔、髪の毛、皮膚などが多いのですが、ケースによっては手足や性器、体重、身長など、体のあらゆる部位に及びます。

身体醜形障害になりますと、本人は自信を失い、他人の視線を気にするようになります。偶然、他者が向けた視線に対しても、本人は自分が醜いために「人がジロジロと自分を見ている」という不

事例２　自分の容姿が「醜い」と思っている子

自信を失い
他人の視線を気にする

帽子やマスクで自分の
気になっている部分を隠す

気にしている部分を
鏡でいつまでも見ている

人目を避けて外出しなくなる

安感にかられてしまいます。そのため、帽子やマスク、手袋、コート、ヘアピースなどで自分の気になっている部分を隠すようになってしまうことも珍しくありません。

また、鏡で気にしている体の部分をいつまでも見ているかと思うと、逆に鏡をまったく見なくなってしまうこともあります。

症状が進行していくと人目を避け、人に見られる可能性の少ない夜だけ外出したり、家に引きこもったりするなど孤立傾向を強め、不登校や退学、さらには自殺に至ってしまうこともあります。

身体醜形障害の原因・要因

何が身体醜形障害を引き起こすのか、その原因や要因についてはまだ特定されていません。しかし、「容姿のことでからかわれたり、いじめられたりした」「大勢の人の前で恥をかいてしまった」といった経験が、身体醜形障害を引き起こすきっかけとなることが多いようです。

また、子どもの心身の発達と密接に関係しており、いつまでも幼児期・児童期の状態のままでいたいという願望が身体醜形障害を引き起こすケースがあるとする研究者もいます。

思春期は身体的変化が著しい時期ですが、この時期に生じた身体的変化（たとえば、男子であればひげや男性器、喉仏など、女子であれば乳房や丸みを帯びた体形、女性器など）を忌み嫌う子どもも見受けられます。

近年の脳科学研究の知見からは「自分の容姿が醜い」という強迫観念は、脳内の神経伝達物質であるセロトニンの働きに問題があることから生じるとする考え方が一般的になってきています。そのため、医師によっては抗うつ剤を処方することもあります。

対応法

身体醜形障害の子どもの場合、自分の容姿に対して深刻な悩みを抱えていても、1人で悶々《もん》と悩んでいることがほとんどです。もし、本人から相談を受けることがありましたら、たとえその本人の言葉からは深刻さがうかがわれないようでも悩みは甚大です。

　相談の中では「美容整形や形成外科で手術を受けたい」と言い出すことが多くあります。しかし、たとえ実際に手術を実施しても本人はその結果に納得せず、その後も手術を受けたいと言い続けるケースがほとんどです。その背景には、本人のコンプレックスから派生した自己評価や自己肯定感の低さがあります。先生方がどれほど「容姿に問題はないので気にする必要はない」「手術の必要はない」と説得しても、本人は納得しません。先生方が説得しようとしすぎると相談に訪れなくなってしまうことにもなりかねません。

自分の容姿について一人で悩んでいることが多い。心の痛みを優しく受け止めてあげる

　まず先生方は子どもの訴えを否定するのではなく、子どもの心の痛みを受け止めていただき、傾聴を心がけてください。子どもとの間に信頼関係が構築されたと感じられたら、子どもの自己肯定感や自尊感情を高める工夫が必要となります。この段階では傾聴しつつも子どもの良い点を指摘したり、子どもにあえて別の考え方をさせたりしてみる認知行動療法が有益になることがあります。

　先生方では対応が困難であると感じられたときは、保護者との相談の上で医療機関や相談機関をご検討ください。薬物療法や心理療法が必要となってきます。身体醜形障害の場合、２％程度がうつを併発したり、統合失調症であったりすることもあります。

第1章

ストレス・心の病

東日本大震災では、被災した多数の子どもたちが心身ともに傷ついています。さらに惨劇をテレビ映像で見た子どもたちもショックを受け、精神的問題を引き起こしてしまいます。ショックを受けた子どもたちへの対応法を考えてみましょう。

事例3

大きいショッキングな体験をした子

解離

思いがけないことが自分自身に起きたり、見聞きしたりしたとき、しばらくの間、頭が真っ白になってしまったことはありませんか。「肩をポンとたたかれ、ハッとして意識が戻った」といった体験がそれに相当します。このように心と体が分離してしまった状態を解離とよんでいます。程度が軽い解離であれば健常な人にも見られます。

しかし、地震や津波・台風・洪水・火事などの災害、近親者など大切な人の病気や死亡、交通事故、傷害事件やレイプなどの犯罪、虐待や「いじめ」などのように、突然、本人にとって極めてショッキングで、心が凍り付くような体験をしますと（または、そのような場面をテレビなどで見てしまうと）、その悲しみや苦しみを受け止めきれなくなります。その結果、心と体が大きく解離し、周囲の人に次に示すような症状を表すことがあります。

・感情がまひしている様子で、感情表現が少なくなり、悲しんでいるように見えない
・「自分が肉体から離れ、夢の中にいる感じがする」などと言う
・現実感がなく、実感を伴っていないと言う
・不安なはずなのに「怖くない」と言う
・ときどき周囲への注意や意識が薄れ、ぼんやりして「上の空」になっている
・ショックを受けた体験を完全に思い出せなくなっている
・日によって態度や性格がかなり違う

急性ストレス障害（ASD）

ショッキングな体験後、解離状態からしばらくして、考える余裕が出てくるようになりますと、急に悲しみが込み上げ、行動する気持ちが一気に萎えてしまう急性ストレス障害になることがあります。災害や事故の程度により異なりますが、直接、被害を受けた人の約10～30％（研究によっては30～50％）が急性ストレス障害になるといわれています（映像や目撃によりどの程度の人が急性ストレス障害になるのかは、はっきりしていません）。

急性ストレス障害の代表的症状は、「再体験（フラッシュバック）」「回避行動」「過覚醒（覚醒亢進）」です。再体験とは、ショッキングな体験をした後に、突然、そのときの記憶がよみがえってくることです。そのときに見た光景が思い出されるだけでなく、そのときに感じた恐怖、怒り、悲しみな

恐怖、悲しみがよみがえってきて
感情が不安定になる

どの感情もはっきりとよみがえってきます。思い出したくはないのですが、一部がくり返し再生され、あたかも現実に今も起こっているように生々しく感じられます。そのため、記憶におびえ感情が不安定になります。

回避行動とは、ショッキングな体験をした場所や事柄、あるいはそれらの体験と類似している状況を避けようとすることです。無理にその場所に行こうとしたり、話をしようとしたりしますと、大変な恐怖や苦痛を感じます。

過覚醒とは、常に緊張し、神経が高ぶった状態が長く続くことです。昼間は元気に過ごしているのですが、夜眠れなくなったり、ちょっとした物音や接触にも過剰に反応するようになったりします。さらに集中力の低下や否定的な思考などの諸症状が生じ、うつ病や不安障害、依存症などの併発率が極めて高くなります。

急性ストレス障害は、多くの場合、一過性の症状として出現します。ショッキングな体験をした後、症状は4週間以内に始まり、症状が出現して1ヵ月以内に回復します。ただし、1ヵ月しても回復しないこともあります。その場合には心的外傷後ストレス障害（ＰＴＳＤ）の可能性が強くなります。

いずれにしても、急性ストレス障害の症状がみられる場合、そのまま放置するのではなく、心的外傷後ストレス障害に移行する可能性が高いため、早期の対応が求められます。

対応法

体験がショッキングなものであればあるほど、急性ストレス障害になる可能性は高くなります。そして、そのまま放置してしまいますと、上述したように抑うつ状態やうつ病あるいは心的外傷後ストレス障害となってしまう可能性があります。急性ストレス障害の諸症状が現れているようであれば早急の対応が求められます。

子どもが、解離あるいは急性ストレス障害の症状を示しているようでしたら、まず子どもをショッキングな体験から離すようにご指示ください。震災などのテレビを見てショックを受けているようでしたら、それらの映像は見せないように保護者や本人にご指導ください。

次に、子どもの苦しみを理解・共感しながら話を傾聴するようにしてください。子どもがショックを受けた体験の話をしたがらないようであれば無理をせず、まずは子どもと信頼関係を築くために、その子どもが話したがっている話題を取り上げてください。話は子どものペースで、ゆっくりと聴くようにしてください。

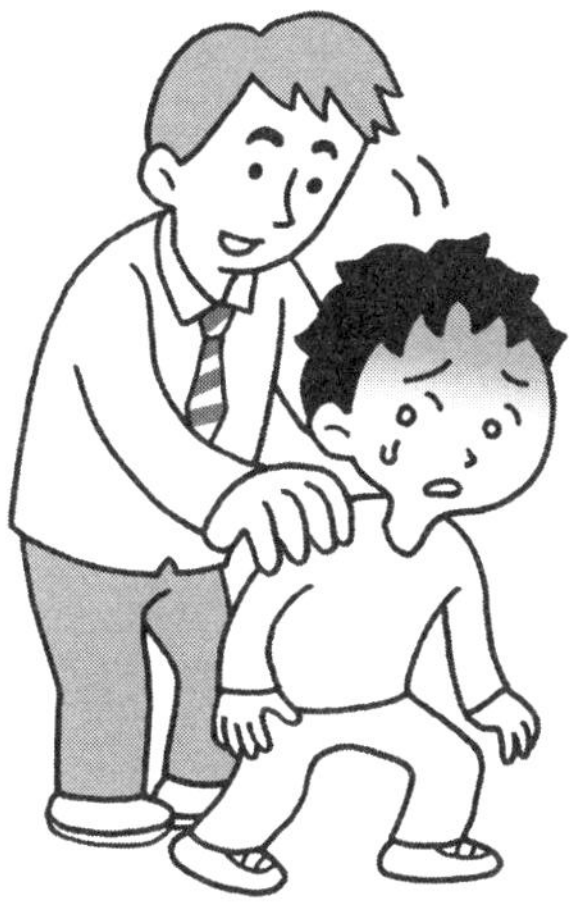
肩や背中をポンポンとたたき
安心感をもたせる

本人が一番関心を持っていることについて会話を交わすことで、「今は、もう大丈夫」「自分は守られている」といった安心感を持たせるようにすることが大切です。

また、子どもが恐怖感を抱いているようであれば、肩や背中を一定のペースで軽くたたいてあげるなどのスキンシップをするようにしてください。

信頼関係が深まり、子どもが自らショックを受けた体験について話すようであれば、その話を傾聴してください。

これらの対応をしても症状が緩和しないようであれば、医療機関や教育相談機関へ行くようにご指導ください。

精神安定剤や抗不安薬、認知行動療法（とくに暴露療法）などの心理療法が用いられることが一般的です。

ストレス・心の病

地震・津波などの自然災害、事件や事故などでショッキングな体験をしますと（またはそれらの場面をテレビなどで見ますと）、1ヵ月を経過しても精神的に不安定な状態が続き、その後、さらに症状が悪化してしまうことがあります。これらの子どもへの対応法を検討してみましょう。

事例4

トラウマとなり症状が一向に改善しない子

心的外傷後ストレス障害（PTSD）

肉体的・精神的に強いショックを受け、心に深い傷が残ることをトラウマ（精神的外傷）とよんでいます。人はそれぞれ感じ方が違いますので、一見周囲の人には些細《ささい》なことでもトラウマとなります。トラウマを体験した直後は、解離状態のため何事もなかったかのように見えますが、しばらくすると突然、そのときの記憶や感覚がよみがえってくるようになることがあります。このような状態を急性ストレス障害といいます。通常、急性ストレス障害は発症してから1ヵ月以内に回復します（詳細は17ページをご覧ください）。

しかし、1ヵ月を過ぎても症状が継続・悪化するようでしたら、心的外傷後ストレス障害（PTSD）の可能性が高くなります。ちなみに急性ストレス障害の半数程度がPTSDを発症するといわれています。

PTSDが発症しますと、頭痛や腹痛、吐き気、めまい、悪夢、夜泣きなどの症状がくり返し起こります。ＰＴＳＤの主要症状は、急性ストレス障害と同じで「再体験」「回避行動」「過覚醒」の三つです。

以下に示す症状が子どもにあるかどうか確認してください。該当する項目が複数あるようでしたら、ＰＴＳＤの可能性が高くなります（ただし、以下の諸症状はＰＴＳＤの代表的症状を紹介したものです。詳細は「精神失患の診断・統計マニュアル（ＤＳＭ－５）」でＰＴＳＤの定義をご参照ください。インターネット上でも入手が可能です）。

・何かにびくびくし、怖くなっている
・ショックを受けた出来事と関連した遊びをくり返し行っている
・悪夢を見る（内容がはっきりしていない恐ろしい夢であることもある）
・ショックを受けた出来事がフラッシュバックして生々しくよみがえっている
・ショックを受けた出来事を考えたり、話したりすることを嫌がる
・他の人から孤立しがちである
・気分の落ち込みが激しく、何もする気がないように見える
・不眠または寝つきが悪い
・イライラしやすく、すぐに怒り出す
・なかなか注意を集中することができない
・警戒心が強く、人を信じることができなくなっている
・物音や大声などに過剰なほど驚く

対応法

子どもが強いショックを受けたとき、その子どもの話を傾聴するように心がけてください。子どもが平然としているように見えるため、あるいはショックを受けているのではないかと危惧しながらも、子どもへの話しかけや話の傾聴をしなかったとすれば、子どもの不安は内在化し、継続して

しまう可能性があります。強いショックを受けている（あるいはそれらの場面をテレビなどで見た）子どもに対しては、子どもの話を傾聴するように保護者にご指導ください。

また、強いショックを受けた子どもが体調不良を訴えるようでしたら、まず養護教諭は子どもの話に耳を傾けてください。

子どもがＰＴＳＤの諸症状を示している場合には、心理療法と薬物療法を用いるのが一般的です。

心理療法としては、「バタフライハグ」や暴露療法が有効な方法であると考えられています。バタフライハグとは、子どもが不安やパニックになったときに用いる方法です。子どもに目を軽く閉じさせ、手のひらを自分に向けて腕を胸の前で交差し、肩を触るような格好にさせます（右手で左の肩、左手で右の肩を触るようになります）。そして深呼吸（腹式呼吸）しながら、子どもが不安や恐怖を抱いている出来事を「思い浮かべる」ようにご指示ください。その上で、左、右、左、右、というように、交互にやさしくトントンと肩をたたかせます。スピードは子どもにとって「気持ちが安らぐ」速さです。

こういった対応により、子どもは落ち着きを取り戻すことができるようになります。それでも不安や恐怖が治まらないようでしたら、子どもの感情が落ち着くまで、もう少し長めのバタフライハグを行うようにご指示ください。

暴露療法とは、不安や恐怖を感じる状況や場面などについて、あえて思い出させ話をさせるという方法です。曖昧になっている記憶をつなぎ合わせて再構築し、つらいトラウマ体験に直面させます。つらい体験をしても、その体験を「過去の出来事であり、もう現実には起こらない、終わった」ことと認識することで落ち着きを取り戻すことができるようになります。その際、子どもは怒りや悲しみなどの情動反応を引き起こすのが一般的ですが、その気持ちを受容・共感しながらも話すことを支援するようにしてください。

バタフライハグ
目を閉じ深呼吸しながら
右、左と肩をたたく

暴露療法
つらい体験をあえて思い出させ
「もう過去のこと、終わった」と認
識させる。すると落ち着く

これらの方法を用いても改善しないときには、保護者と協議の上で医療機関や相談機関への相談をご検討ください。医療機関では薬物療法として、パロキセチン（商品名としてはパキシル）やフルボキサミン（商品名としてはデプロメールやルボックス）などの選択的セロトニン再取り込み阻害薬（ＳＳＲＩ）を用いることが多いようです。これらの薬を服用することで、苦痛が緩和されてきます。

また、相談機関の中には「眼前で指を一定の速度で動かし、それを目で追いかけるＥＭＤＲ（眼球運動による脱感作および再処理法）」や「人の体のツボをタッピング（軽くたたく）するＴＦＴ（思考場療法）」などの新しい心理療法を用いることがあります。

これらの方法はＰＴＳＤに対して一定の成果を上げている方法ですが、研究者間でも論議がなされています。その点を踏まえて心理療法を検討するようにしてください。

ストレス・心の病

子どもから「誰もいないのに声が聞こえる」と相談を受けることがあります。子どもが架空のおとぎ話をしているのであれば問題はありませんが、医療機関への相談が必要になるケースもあります。幻聴・幻声に対して、どう対応すればいいのでしょう。

事例5

幻聴・幻声に悩む子

幻聴・幻声の症状

幻聴・幻声（以下、幻聴）は、実在しない音や声が聞こえてくることです。ただし、聞こえてくる音・声は、パチパチ、ザワザワといった要素的な音から、うめき声、足音、笑い声、泣き声、音楽、人の話し声、複数の人の会話といったものまで多様です。また幻聴の現れ方も「周りに人がいないのに聞こえてくる」「喉や首、胸やおなかなど自分の体の中から聞こえてくる」「目の前にいる人から聞こえてくる」「返事をすると、答えが返ってくる」「学校や家の近所、お風呂、トイレなど、決まった場所・場面で聞こえてくる」「テレビやラジオの音声、人の話し声、換気扇の音など他の音と一緒に聞こえてくる（機能的幻聴または同調性幻聴といいます）」といったように、人によって異なります。

本来、聞こえない音・声が聞こえると子どもが言い出したとしますと、先生方の中には重篤な疾患をお考えになる方もおいでになると思います。しかし、「心配事が重なり、それが長期に及んでいる」「家族や友だちから離れて独りぼっちになり、相談相手がいない」「忙しく疲労困ぱいの状態である」「しばらくの間、睡眠不足が続いている」といったように、不安（恐怖）、孤立、過労、不眠の4条件が重なり、これらがしばらく継続するようですと、幻聴は誰に起こっても不思議ではありません。

ただし、これら4条件がない（あるいは改善された）にもかかわらず、幻聴が起こるようですと、①統合失調症や双極性障害（そううつ病）などの精神疾患、②心的外傷後ストレス障害（PTSD）のように心に大きなストレスを受けた心因性反応、③アルコールや大麻、覚せい剤、シンナーといった薬物依存、④脳血管障害や脳炎、脳外傷、脳腫瘍、あるタイプのてんかんなど脳の器質疾患、⑤代謝異常や内分泌異常による全身性の疾患、などのケースも考えられます。

十分に睡眠をとっても幻聴が続くようでしたら医療機関を訪れるようにご指導ください。

幻聴による悪影響

幻聴がありますと、主に以下に示す三つの悪影響が出現するようになります。

(1)不快感・集中困難：本人にとっては嫌であっても幻聴は聞こえますので、うるさく、うっとうしいものとなります。また幻聴により、物事に集中することが困難となります。幻聴の内容としては称賛や教訓、お告げのようなものであることもありますが、ほとんどは悪口や批判、脅し、からかい、命令、禁止ですので、幻聴が聞こえている本人にとっては著しい不快感や苦痛となります。

(2)個人情報漏洩《ろうえい》体験：個人情報漏洩体験とは、自分のプライベートな情報が周囲に知れ渡っているのでないかと不安になることです。自分に関する話をしている幻聴が聞こえてきますと、当然「自分のことを誰かが話題にしており、周囲に知れ渡っているに違いない」といった誤解をするようになります。またテレビやラジオの音声と一緒に声が聞こえる同調性幻聴の場合ですと、「テレビやラジオで自分のことが放送されている」といった妄想をするようになります。

(3)思考伝播：思考伝播とは、自分の気持ちが常に誰かに筒抜けになっているのではないかという疑惑・不安のことです。幻聴は、もともとは自分の考えがきっかけになっていますので、「自分しか知らないはずの内容が、即座にぴったりとしたタイミングで聞こえてくる」ということになります。自分の気持ちや考えていることが筒抜けになっているのではないかと感じるようになりますと、「誰かが隠しマイクで盗聴しているに違いない」「自分の考えを誰かがテレパシーで読み取っているはずだ」といったような妄想を抱くようになり、新たな不安や恐怖を引き起こすようになります。

対応法

子どもが「誰もいないのに声が聞こえる」と言うようでしたら、まずは子どもの話をじっくりと傾聴してください。先生が自分の話を傾聴してくれると感じるだけでも、子どもの心は落ち着くようになります。話が「荒唐無稽で、ばかげている」と感じられても、それを否定するのではなく、子どもの話を要約して気持ちを受け止めてください。子どもの話がファンタジーであり、実際に聞こえるのではなく、「聞こえる気がする」というものであれば、「心配しなくてもいいよ。空想すると、誰でも聞こえる感じがしますよ」といった回答を行い、子どもを安心させるようにしてください。

幻聴であると判断される場合には、保護者と協議の上で医療機関に相談するようにご指導ください。幻聴は放っておいても自然に治ることはなく、回復のためには治療が必要になってきます。

幻聴で悩んでいる子どもへの先生方の対応とし

原因は、不安、孤立、過労、不眠
などが重なって起こる

対応は、幻聴は実際の人の
声ではない、相手にしないように
と言って聞かせる

ては、「幻聴は実際の人の声ではないこと」と「幻聴を相手にしないようにすること」を子どもにくり返し、伝えるようにしてください。幻聴が聞こえても「実際の人の声じゃない」と子どもが考えることができるようになれば、「自分の気持ちが誰かに筒抜けになっている」といった不安や恐怖が薄らぎ、安心感を取り戻すことができるようになります。また、幻聴の内容を気にしてむきになって反論したり言い返したりしますと、さらに幻聴が出現するようになってしまいますので、気になっても相手にしないようにご指示ください。

また、幻聴が聞こえてきたときには、「体操、散歩、サイクリングなどをして体を動かす」「ハミングしてみる」「好きな音楽を聴く」「読書をする」「喉を手で押さえてみる」「『静かにしてね』とお願いしてみる」などの行動を実施して、「自分に合った対処法」をいくつか見つけ出すようにご指導ください。自分なりの対処法が見つかれば、子どもは気持ちがかなり落ち着くようになります。

ストレス・心の病

注意・指導を受けたにもかかわらず、万引きをくり返す子どもがいます。なぜ万引きをくり返すのか、その背景・要因や指導法を検討してみましょう。

事例6

万引きをくり返す子

子どもの万引き

万引きをしたことがある子どもは、教師の予測よりも多いかもしれません。教育評論家の山崎雅保氏は「子どもの万引き」について講演をするとき、保護者に「これまで1回でも万引きしたことがあるかどうか」を秘密厳守で尋ねるそうですが、講演会に集まった保護者の4割程度、多いときは5割を超える方が自分自身の万引き経験を認めるとのことです。また、広島市立河内小学校PTA文化体育部が平成16年12月に実施した「万引きに関する意識アンケート」の調査は注目に値する結果でした。アンケートは同校の児童（1～3年生、4～6年生）、同校を卒業した中学生、保護者を対象に行われましたが、「万引きを誘われたことがありますか」という設問に、小学校1～3年生の2.2％、小学校4～6年生の5.8％、中学生の14.0％、保護者の17.5％が「誘われたことがある」と回答していました。

「万引きをやっても見つかることは少ないと思いますか」という設問に対しては、万引きをしても見つからないと思っている小学生や保護者は10人に1人ですが、中学生になると5人に1人と増えていました。これらの調査からは、子どもたちの万引きが決して珍しいものではないことを示唆するものとなっています。

万引きを決して肯定するわけではありませんが、成長過程の子どもにとって、万引きが「ありがち」であることを示しています。そして、万引きが発覚して叱られる、罰せられる、あるいは罪悪感を抱くといったことで「事の重大性」を認識し、ほとんどのケースは万引きが沈静化していく一過性の行動であることを示しています。

万引きをくり返す子どもの背景・原因

万引きが発覚し、指導しても万引きをくり返す子どもがいます。このような場合、なぜくり返すのか、その背景や原因を探る必要があります。いくら指導しても、背景や原因に変化がなければ同じ行為がくり返されてしまうからです。

一般に万引きをくり返す子どもには、次に示す原因があることが知られています。

①集団心理：「友だちが皆やっている」「次回、気をつけてやれば見つからないから大丈夫だよ」などと言われ、他人の言動に左右され集団で行動してしまう場合

②他者からの万引きの強要：「いじめ」等により無理やり万引きを強要される場合

③「欲しい物は手に入れないと気がすまない」という欲求不満耐性が低い場合

④保護者や教師の愛情不足に対し不満を抱き、自分に注意を引き付けようとする場合

⑤月経前の精神的に不安定な時期の万引き（月経前症候群）

⑥万引きをしているという意識がないまま盗んでしまう解離性障害

⑦スリルを味わうため：品物が欲しいから盗むの

ではなく、盗むこと自体に快楽を覚える。盗癖（クレプトマニア）といい、常習化することが一般的である。本人も動機が曖昧で罪悪感が薄いという特徴がある。うつ傾向や摂食障害など他の精神疾患との合併が見られることが多い。

⑧素行症／素行障害と考えられる場合：万引きだけでなく、反抗的で攻撃的な反社会的行動（脅迫、けんか、強盗、放火、性的行為の強要、器物破損、他人の家などへの侵入、うそをつく、深夜徘徊、外泊など）が頻発する。

対応法

万引きをくり返す子どもに対して「なんで万引きをくり返すんだ！」と叱責したくなります。しかし、ほとんどのケースで叱責は逆効果です。このようなときこそ、まず子どもの話を「じっくりと聴く」傾聴を心がけてください。万引きに至るまでの子どもの考えや行動を理解することが大切です。その上で万引きが刑法第235条に定める窃盗罪となることをお伝えください。

次に、「万引きをくり返す子どもの背景・原因」で述べた「①友だちもやっている」といった安易な考えで万引きをくり返している子どもには、窃盗罪が10年以下の懲役や少年院、児童自立支援施設への送致もあり得る重大な犯罪行為であることをお伝えください。

「②他者からの万引きの強要」の場合には、本人の精神的ケアと同時に他者への生徒指導が必要になってきます。

「③欲求不満耐性の低下」や「④愛情不足」の場合、満たされなかった愛情や承認の欲求を万引きという問題行動で解消していますので、子どもの存在を受け止め、子どもとじっくりと向き合う必要があることを保護者や担任に説明してください。

⑤～⑧はいずれも「病的な万引き」といわれるものです。病的な万引きの場合、「無作為、無目的に万引きする」「衝動性が強く、罪悪感を覚えることなく万引きをする」「叱責されると、その

友だちもやっているからと
罪の意識が薄い場合は、犯罪で
あることを伝える

目的もなく習慣化している
場合は、児童精神科に相談する

ときは反省した態度を示し謝罪するが、叱責の効果はほとんどなく、周期的・習慣的に万引きをくり返す」といった特徴があります。このような病的な万引きと考えられる場合には、児童精神科などの医療機関、臨床心理士にご相談ください。ケースによっては、児童自立支援施設など矯正施設での対処が必要となってくることもあります。

保護者への対応

子どもがくり返し万引きをするようですと、保護者は子どもへの不信感が募り、これまでの子育てを間違えていたのではないかと悩んでしまうことが一般的です。このようなときには先生方が保護者の話を傾聴し、保護者の精神的安定を図った上で保護者と連携した指導をすることが大切になります。

また、保護者には子どもを一方的に叱るのではなく、子どもの話をしっかり聞いて、子どもの背景に何があるのか、何を訴えようとしているのかを考えるようにご指示ください。

従来、小児期に「そう状態とうつ状態をくり返す子」はあまりいないとされていましたが、近年、そう・うつがくり返されていると診断される子どもが増加しています。そうとうつをくり返す症状とは、どのようなものなのか、どう対応すればよいのかを検討しましょう。

事例7

そう状態とうつ状態をくり返す子

双極性障害の症状

そう状態とうつ状態をくり返す精神疾患を双極性障害といいます（従来は「そううつ病」とよんでいました）。今まではうつ病と同じ「気分障害」のグループに入っていましたが、近年、別の精神疾患であると考えられるようになりました。うつ病が男性で10人に1人、女性で4人に1人程度の生涯有病率であるのに対して、双極性障害の発症率は男女差がなく100人に1人程度で10～30代に多発するという違いがあります。

そう状態になりますと、自分ではコントロールできないほど気分が高揚し、多くのケースでは病識もないため治療や入院を拒否しがちになります。そう状態では、以下の行動が出現するようになります。

・寝なくても平気
・口数が多く、一日中しゃべっていたり、深夜や早朝でも電話をかけたりしてしまう

・怒りっぽくなる
・観念奔逸《ほんいつ》（次々に本人がよいと考えるアイデアが浮かび、あふれてくる。ただし、思考の飛躍や逸脱などが含まれる）
・活動的になり、じっとしていられない。破壊的な逸脱行動に発展することがある
・すぐに気が散って一つのことに集中できず、落ち着きがなくなり、軽率な行動をとる
・過度にクレジットカードを使って（あるいは借金をして）品物を買いあさったり、性的逸脱行動をしたりするなど快楽を伴う活動に熱中する。その結果、多額の借金を抱えたり、人間関係を破綻させたりしてしまい、信用や社会的地位を失う

一方、双極性障害のうつ状態は、うつ病と症状が似ており、区別は困難です。ただし、「過眠や過食などの非定型の特徴が多い」「幻聴や妄想が多い」といった傾向があります。

・一日中気分がゆううつで、寂しい、悲しい、空虚な気持ち、後悔、自責の念を伴う
・それまで楽しめていたことに興味がもてない
・食欲がなく、食べてもおいしいと思えない。体重が減少する
・夜眠れず、寝ても暗いうちから目が覚めてしまう
・動作が緩慢になり、何をするにも「おっくう」になる
・気持ちが落ち着かず、じっとしていられない
・疲れやすい
・自分には生きる価値がないのではないかと自分を責める
・集中力や決断力がなくなり、物事を決めることができない
・自殺を考える

そう・うつのいずれの状態でも重症になりますと、妄想や幻聴が見られることがあります。そう状態では誇大妄想（「超能力がある」）、うつ状態では貧困妄想（「破産した」）、心気妄想（「不治の

そう状態
口数が多くなる、怒りっぽい

うつ状態
食欲なくなる、
夜眠れなくなる、後悔ばかりする

病にかかった」)、罪業妄想(「大変な罪を犯した」)などが出現します。

双極性障害はこのように両極端な二つの症状が現れることが特徴で、そう状態からうつ状態、あるいはうつ状態からそう状態に移行するといった経過をたどることが多くあります。ただし、そうとうつが入り交じった「混合状態」が現れることもあります。また、明確なそう状態がある場合を双極Ⅰ型障害、軽そう状態とうつ状態をくり返す場合を双極Ⅱ型障害に分けます。双極Ⅱ型障害では、軽そう状態のとき、本人や家族がむしろ調子のよい状態と認識し、うつ病と思い込んでしまうことも珍しくありません。

双極性障害の原因

一卵性双生児における双極性障害の一致率が50〜80%、二卵性双生児が5〜30%であることから、遺伝要因が関与している可能性が高いと考えられています。ただし、保護者が双極性障害で、その子どもも双極性障害を発症する確率は2～10％程度ですので、いわゆる遺伝病ではありません。原因としては、脳内の神経伝達物質の異常によると考えられています。ただし、なぜ脳内の神経伝達物質の異常が生じるのかは解明されていません。また、ストレスは「引き金」にはなりますが、直接の原因ではありません。

対応法

予防療法をせず放置しますと再発率が95％に達し、多くのケースで再発します。再発の予防に有効な方法が薬物療法で、治療効果が高い薬物が多数あります。これらの薬を使うことで、そう状態とうつ状態はかなりの程度コントロール可能となり、普通に暮らすこともできます。代表的な薬としては、炭酸リチウムなどの気分安定薬をベースにして、症状に応じて抗不安薬や抗精神病薬などが用いられます。

双極性障害の治療目標は、①再発を防ぎ、普通の社会生活を送れるようにする、②そう状態を早期にコントロールし、社会生活への影響を最小限にとどめる、③うつ状態での自殺を予防し、苦痛を減らす、の三つになります。

炭酸リチウムには自殺予防効果もありますので、服薬をきちんとすることが何よりも必要となってきます。双極性障害の疑いがある場合には早期に医療機関に相談するよう保護者や本人にご指導ください。

一晩、徹夜するなど生活リズムが乱れますと、再発することもあります。基本的生活習慣を整えるために「対人関係社会リズム療法」による自習も有効な方法です。双極性障害の子どもを支える保護者の場合、精神的に疲労困ぱいの状態になりますので、養護教諭は保護者の話を傾聴してください。その上で、①薬の管理を徹底し、飲み忘れや過剰摂取がないようにすること、②困ったことが生じたら保護者が同伴して事情を医師に話すこと、③そう状態の時期は多弁になるが、批判や議論をせず黙って聞くこと、をご指示ください。

体の問題

「友だちに臭いと思われているのではないか」という不安感から対人恐怖症になったり、引きこもりや不登校になってしまう子どもがいます。このような不安を口にする子どもの背景と対応法を検討してみましょう。

事例8

自分の体が「臭い」のではと不安な子

自分の体が臭いと思っている背景

近年、子どもたちが「いじめ」やけんかで使う言葉として「バイキン」「汚い」と並んで「臭い」があります。とくに思春期になると、子どもたちはホルモンの分泌が活発になったり、運動量の増加とともに発汗量が多くなったりしますので、体臭が強くなるのは当然のことといえます。

しかし、現代の日本社会は過度とも思えるほどの清潔志向・無臭志向になってきているため、「臭い」と友だちに思われることは相当数の子どもたちにとって著しく精神的に苦痛のようです。「自分の体が臭いのではないか」という不安から次のような行動をしてしまう子どももいます。

- ・デオドラントグッズを買いそろえ頻繁に使う
- ・入浴時間が長くなったり、1日に何度もシャワーを浴びる
- ・汗をかくのが嫌なため、好きだったスポーツや運動をやめてしまう

・臭いが漏れ出さないようにするために、ばんそうこうを肛門に何枚も貼る（女性であれば生理中でなくても常に性器にナプキンをあてる）
・パンツの中に脱臭剤を入れたり、体臭を分解する効果がある衣類・靴下・タオルしか使わなくなる

極度に体臭を気にしている子どもへの対応としては、まず「実際に強い体臭があり、それは周囲の人たちに不快感を与えているのか」、それとも「子どもが必要以上に体臭を気にしているのか」を判断していただく必要があります。

現代社会は過度とも思える
清潔志向・無臭志向

強い体臭の要因・原因

強い体臭の要因・原因としては、①汗、②腸内環境、③身体的な病気、④生活習慣の問題などが考えられます。

①**汗**：まず汗と体臭との間には密接な関係があります。運動などにより汗が分泌されますが、その汗が細菌により分解される際に嫌な臭いや汗臭さといった体臭を発生させてしまいます。とくに脇の下や足のアポクリン腺から分泌される汗は、細菌によって分解されるときに強い臭いを発生させてしまいます。

②**腸内環境**：腸内環境が悪くなると、体臭や口臭に大きな影響を与えるようになります。悪玉菌が増殖し腸内環境が悪化することにより、腸内で毒素や有害物質が生成されます。また、腸内環境の悪化により便秘になると便が腐敗し、さ

らに毒素や有害物質の生成が促進されるようになります。

これら毒素や有害物質が血液によって全身へ運ばれ、やがて皮膚や口などから臭いが出るようになってしまいます。

③**身体的な病気**：体臭の原因となる代表的な身体的病気は糖尿病です。重症の糖尿病の場合、尿の中に「アセトン体」が排せつされるようになり、甘酸っぱい臭いの尿が出るようになります。また、細菌により尿路感染症になった場合には、細菌によって尿素が分解される際にアンモニアが生成されるため不快なアンモニア臭がするようになります。

汗が細菌により
分解されると臭くなる

④**生活習慣の問題**：生活習慣の問題の一つが食生活です。動物性たんぱく質や脂肪を多く含む肉類中心の食習慣を続けますと、皮脂腺から分泌される皮脂の量が増え、その皮脂が酸化することにより強い体臭を生み出すようになることがあります。また、睡眠不足やストレスが重なることでも皮脂腺の働きが活発化し、皮脂が過剰に分泌するようになります。この皮脂が酸化すると体臭の原因となります。

これらの要因・原因により周囲が不快とも思えるほど強い体臭があると考えられる場合には、子どもに対して基本的生活習慣を整えるようにご指導ください。それでも改善が見られない（とくに身体的病気が疑われる）場合には専門医に行くようにご指示ください。

対応法

周囲にさほど迷惑をかけているとは考えられないにもかかわらず、子どもが必要以上に体臭を気にしていると判断される場合には、次の対応をご検討ください。

まず自己の体臭を気にしている子どもに対して、先生が何度も「臭わない」と伝えても、本人は先生の言葉を受け入れることはできない場合がほとんどです。子どもは先生に「本当は臭うんですよね。本当のことを言ってください」と言い出したり、「先生、臭くてすみません。先生は私に気を使ってくれているんですよね」と話す子どももいます。そのようなときは、子どもの不安な気持ちを受け止め、否定しないようにしてください。「臭わないよ」「気にする必要はないよ」とくり返して言えば言うほど、子どもは「自分の苦しみが先生にはわかってもらえない」と感じ、さらに落ち込んでしまいます。発言は「先生には臭わないよ」程度にとどめ、傾聴することを心がけてください。思春期の場合は一過性のケースが多く、いつの間にか本人も気にしなくなるのが一般的です。

次に、「自分の体臭のせいで、私が近くに行くとみんな不快そうな顔をする」といったように気にしすぎる程度が極端である場合には、自己臭症といわれている精神的疾患であることがあります。思春期から青年期にかけて出現する「心の病」の一つに思春期妄想症があります。

自己臭症も、自己視線妄想（相手をにらんでしまうため相手に迷惑をかけているという妄想）や、醜形恐怖（自分の醜さに対する恐怖心）などと同様に、「自分の身体的な欠陥のために、周りの人に不愉快な感じを与えている」と思い込む思春期妄想症の一つです。

一部は統合失調症に移行することもありますので、自己臭症が疑われる場合には医師や臨床心理士と相談するように保護者や本人をご指導ください。

体の問題

「目が見えにくい」「光がまぶしくて目が開けられない」など目のトラブルを訴える子どもはいないでしょうか。このように目の異常を訴える子どもに対して、どのように対処すればよいのかを考えてみましょう。

事例9

「目が見えづらい」と言う子

目の異常を訴える子どもへの対応

目の異常を訴える子どもに対しては、保護者に連絡の上で、まず医療機関で検査を受けるようにさせてください。

視野の異常には、大きく分けて狭窄《きょうさく》、半盲、暗点の3種類があります。狭窄とは視野が狭くなるもので、視野全体が狭くなる求心性視野狭窄と視野の一部分が不規則な形で狭くなる不規則性視野狭窄に分かれます。半盲とは視野の右半分や左半分が見えなくなることです。また、暗点とは視野の中に見えない部分があることをいいます。

視野の異常以外にも、目が痛い、目がまぶしい、涙が出る、目が重たい、目が異常なほど疲れるといった症状を訴えることもあります。これら目に異常な症状が出現する原因として、脳梗塞や下垂体腫瘍、視神経炎、網膜の異常などの身体的・器質的疾患であることがありますので、まずは検査が必要です。

ストレスと眼精疲労

医療機関で検査をしても、とくに身体・器質に異常が認められないにもかかわらず、子どもが目の異常を口にするようであれば、家庭の住環境や生活習慣上の問題、ストレスによる心理的な影響などが疑われます。ストレスが原因となり体に症状が起こる疾患を心身症といいますが、それが目に症状が出現する場合「眼心身症」とよんでいます。ストレスが目に現れてしまう代表的障害として眼精疲労、転換性障害、心因性視覚障害などがあります。

まずは医療機関で検査が必要

一般に「疲れ目」という言い方をすることがありますが、疲れ目には「生理的な目の疲労」と「眼精疲労」の2種類があります。生理的な目の疲労とは休憩や睡眠によって回復する場合です。それに対して、眼精疲労とは休憩や睡眠をとっても目の異常や頭痛などが残ってしまう場合をいいます。

医療機関で目や体などに異常が認められないのに目の異常を訴え続けるとすれば、そしてパソコンなどの機器の操作時間が長いようであればVDT症候群（パソコンや携帯電話など画像情報端末機器を過度に使用することで目を酷使すること）が考えられます。

VDT症候群とは、画像情報端末機器を長時間にわたって見ることで眼球の表面の角膜や結膜が乾燥してしまうドライアイが生じ、眼精疲労となってしまうものです。また、「室内が明るすぎたり、暗すぎたりするなどの明るさの要因」「本を読んだり、パソコンをするときの悪い姿勢」「家族のたばこの煙」などの住環境や生活習慣が眼精疲労の原因となっていることもあります。さらに、これらの要因に精神的ストレスが重なり不安感が極度に強まる、イライラして落ち着かない、眠れないといった状態になると目への負担が増え、眼精疲労を引き起こしやすくなってしまいます。

眼精疲労が原因であると考えられる場合には、画像情報端末機器の使用時間を短くさせたり、パソコンをするとき目をディスプレーに近づけすぎないようにさせるなど眼精疲労を生み出していると考えられる物理的要因を取り除くように指導するとともに、子どもの不安感を取り除くために、目の異常を訴える子どもの話を傾聴するように心がけてください。

転換性障害

転換性障害とは、身体上の疾患が認められないにもかかわらず「歩けなくなる」「声・言葉が出なくなる」「腹痛を訴える」「手や足がまひをしてしまう」などの運動性身体症状や、「目が見えない」「視野に異常がある」「耳が聞こえない」などといった感覚性身体症状が出現することを指します。

かつて転換性障害は「ヒステリー」とよばれていました。転換性障害を生み出す背景には不安などの心理的ストレスがあると考えられ、「疾病利得」のメカニズムが働いていると思われます。疾病利得とは「目が見えない」「視野に異常がある」などといった症状を引き起こすことで、「今まで自分に目を向けてくれなかった保護者や先生、友だちを、自分の方に目を向けさせる」ことにより、何らかの利益を得ようとするものです。

心因性視覚障害

ストレスにより心因性視覚障害が生じることもあります。心因性視覚障害の中で最も高い頻度で生じる症状が視力低下です。心因性視覚障害による視力低下の場合、たとえ近視や遠視、乱視を矯正するためにめがねをかけても、視力を高めることはできません。

　また、視野の異常や色覚異常、暗い所で物が見えない夜盲などの症状を伴うこともあります。視野の異常では求心性視野狭窄や、らせん状視野（視野を測定している間にどんどん見える範囲が狭くなる現象です）がみられることが一般的です。色覚異常としては、見えるものが全部ピンク色に見えてしまうなどの色視症を訴えることもあります。

心因性視覚障害とは近頃多いストレスによる視力低下のこと（子どもの話を傾聴しましょう）

　さらに心因性斜視（斜視とは一方の目は視線が正しく目標とする方向に向いているのに、他方の目が内側や外側あるいは上や下に向いている状態のこと）が生じることもあります。

ストレスによる目の異常への対応

　ストレスの原因を取り除くことが何よりも求められます。子どもたちは、家庭や学校で多様なストレスにさらされています。先生方の対応としては「眼精疲労」への対応で説明したように、まず子どもたちの話を傾聴することで子どもたちの精神的安定を図ることを最優先にしてください。

　次に、スポーツや趣味など子どもがリラックスして取り組めるものを実行するよう促してください。また、筋弛緩法や自律訓練法もストレスへの対応として有効です。これらの方法を実践しても改善が見られないようでしたら児童精神科や小児科の医師あるいは臨床心理士と相談するようにしてください。

体の問題

事例10

夜尿（寝小便）をしてしまう子

毎日のように夜尿があり、悩んでいる子どもは珍しくありません。小学校高学年や中学生になると、キャンプや修学旅行、お泊まり会などで外泊することも多くなってきますので、悩みはさらに深刻です。夜尿のタイプや指導法を整理しておきましょう。

夜尿の割合

一般的には小学校入学以降にも夜尿がみられているものを「夜尿症」といっていますが、小学校入学以後に夜尿が認められる子どもは約10％程度であるといわれています。小学校入学時に夜尿経験のある子どもは、その後1年を経過するごとに10～15％程度ずつ改善していき、中学校入学時まで夜尿が続く子どもは1～5％程度になります。このように説明しますと、年齢が上がるにしたがって夜尿が改善されるなら、そのままにしておいてもいいのではないかとお考えの先生もいらっしゃると思います。

確かに少数の例外を除いて夜尿は自然に改善されることが多いのですが、何もせずに待たせるというのは子どもにとってかなりの精神的苦痛であるとお考えください。また、夜尿が生じる要因として、尿崩症などの病気やストレスに起因していることもありますので注意が必要となってきます。

夜尿のタイプ

夜尿の対策を立てる前に、まず、どのタイプの夜尿であるのか見極めることが大切です。夜尿には、以下の四つのタイプがあります。

(1)多尿型夜尿症：尿量（とくに夜間尿量）が多いために起こる夜尿です。人間は、眠っている間は抗利尿ホルモンにより尿量が少なくなるように調整されています。昼間の尿量が正常であっても、夜間睡眠時尿量が５mℓ／kg以上（体重１kg当たり５mℓ以上）ですと、尿量が多すぎるための夜尿と考えられます。体重20kgの子どもの場合で１００mℓ以上、30kgの子どもの場合で１５０mℓ以上となります。

夜間尿量が多いと
夜尿になりやすいので
寝る前の水分を控える

(2)ぼうこう型夜尿症：ぼうこうが小さいために生じる夜尿です。昼間、思い切りおしっこを我慢してもぼうこうに体重（kg）×７mℓ以下（体重１kg当たり７mℓ以下）の尿しかためることができなければ、ぼうこうに尿をためる力が弱いための夜尿と考えられます。体重20kgの子どもの場合で１４０mℓ以下、30kgの子どもの場合で２１０mℓ以下の尿量しかためることができないとすれば、ぼうこう型夜尿症の可能性があります。

(3)未熟型夜尿症：排尿機能が未熟なために起こる夜尿です。多尿型夜尿症、ぼうこう型夜尿症のいずれでもない場合、排尿機能が未熟であるために生じる夜尿の可能性があります。

(4)その他（心理的要因による夜尿症など）：一度

止まっていた夜尿が、再度、始まる場合を2次性夜尿といいますが、ストレスなどの心理的要因が背後にある場合があります。

まず医学的チェック

子どもが夜尿の相談に来ましたら、悩みを傾聴した上で病院に行くようにご指導ください。まれにですが、尿崩症、糖尿病、てんかん、脳腫瘍、脊髄の疾患などの病気が潜んでいることがあります。たとえば、尿崩症の場合、喉が渇いてカラカラの状態であっても濃い尿を作ることができず、眠っている間に、どんどん薄い尿が作られ、ぼうこうからあふれ出し、夜尿となってしまいます。尿崩症では「濃い尿を作るための抗利尿ホルモンが脳下垂体から出ないケース」と「腎臓がこのホルモンに反応しないケース」が考えられます。脳下垂体から抗利尿ホルモンが出ない場合、脳腫瘍が原因となっていることもあります。

また、糖尿病や尿路感染症による夜尿の場合もありますので、検尿により尿中に糖や白血球が出ていないかを確認することも必要となってきます。

さらに内分泌、腎臓などの病気の有無を確かめるために血液検査や、腎臓やぼうこうの構造上の問題をチェックするために超音波検査、脊椎の疾患を調べるために脊椎エックス線検査などを実施することもあります。

諸検査を実施しても医学上の問題がないようであれば、子どもが何らかのストレスを抱えているために夜尿となっていることも考えられますので、養護教諭としては子どもの話を受容的に聴き、子どものストレス低減に努めてください。

対応法

夜尿に対する対応としては「焦らず、怒らず、起こさず」の3原則が基本です。夜尿への対応は辛抱強く「焦らず」続けることが大切です。また、本人の寝ている間のことですので、保護者には「怒らない」ようにご指導ください。

さらに就寝中に起こしてしまうと睡眠リズムが乱れ、抗利尿ホルモンの分泌を一層低下させてしまいます。子どもを「起こさない」ように保護者に要請してください。

多尿型夜尿症の場合、水分摂取をコントロールすることが必要となってきます。

「水分は午前中に十分とらせる」「午後、昼食後からはあまり水分はとらないようにし、1回に飲む分量は150㎖以内に抑えるようにする」「夕方4時以降は、なるべく水分をとらないようにし、夕食は早めに終わらせる」「塩分をとると水分摂取量が増加するため、なるべく塩分を少なくする」「喉が渇くときは、うがいや氷を口に含むことで喉を潤すようにする」などを心がけさせてください。

辛抱強く焦らず、怒らず、
起こさず対応する

ぼうこう型夜尿症の場合、トイレに行きたくなってもすぐに行かないように我慢して、ぼうこうにできるだけたくさんの尿をためる訓練をするようにご指導ください。この訓練をくり返しますと、次第に多量の尿をためることができるようになります。ただし、肝臓に疾患がある場合、この訓練は厳禁です。医師の指示に従う必要があります。

これらの生活指導を実施してもうまくいかないようであれば、薬の処方を検討するように保護者にご指示ください。夜尿に効果的な薬が開発されています。薬の力を借りて夜尿が止まったとしても本人にとっては自信につながります。

第2章

体の問題

事例11

大便を漏らしてしまう子

下着や床の上などに大便を漏らしてしまう症状を遺糞《いふん》症といいます。遺糞症の子どもは恥ずかしさと、自分が悪いことをしているという罪の意識に苦しんでいます。遺糞症の子どもやその保護者への対応法を考えてみましょう。

遺糞症の診断基準

遺糞症は排せつ障害の一つです。4歳児の約3％、5歳児の約1％に遺糞症が認められます。通常は年齢が上がるにしたがって改善していきますが、小学校高学年や中学生になっても遺糞症で苦しんでいる子どもが少なくありません。男子の方が女子よりも多くなっています。国際的に用いられている診断基準であるDSM－5では遺糞症を次のように定義しています。

・意図的であるかどうかは問わず、不適切な場所（例：衣服や床）にくり返し大便を漏らすこと
・暦年齢は少なくとも4歳（またはそれと同等の発達水準）
・遺糞は少なくとも3ヵ月間、月に1回はある
・遺糞の原因となり得る器質的障害がない

遺糞症の原因

遺糞症の原因としては、便秘、身体的要因、心理的要因の三つが考えられます。ただし、便秘が起こる要因として心理的要因が影響していることがありますので、これは目安としてお考えください。

まず便秘の要因を説明します。便秘になると硬い便が直腸（肛門に通じる部分）の中に宿便として残り、腸を詰まらせてしまいます。その腸と便のすき間を液状の便が漏れ出す、あるいは宿便により直腸が開いて便の一部が出てしまいます。これが便秘による遺糞症です。硬い便が直腸に詰まった状態で、腸と便のすき間を液状の便が通るため便意（排便感覚）は乏しくなってしまいます。そのため「ウンチをしたくなったらすぐにトイレに行きなさい」と指示しても、子どもはなかなかそれを実行できません。

便秘になる原因には食生活や生活習慣の乱れ、ストレスなどがありますが、遺糞で叱られると子どもはさらに心理的圧迫を感じ、悪循環に陥ってしまいます。

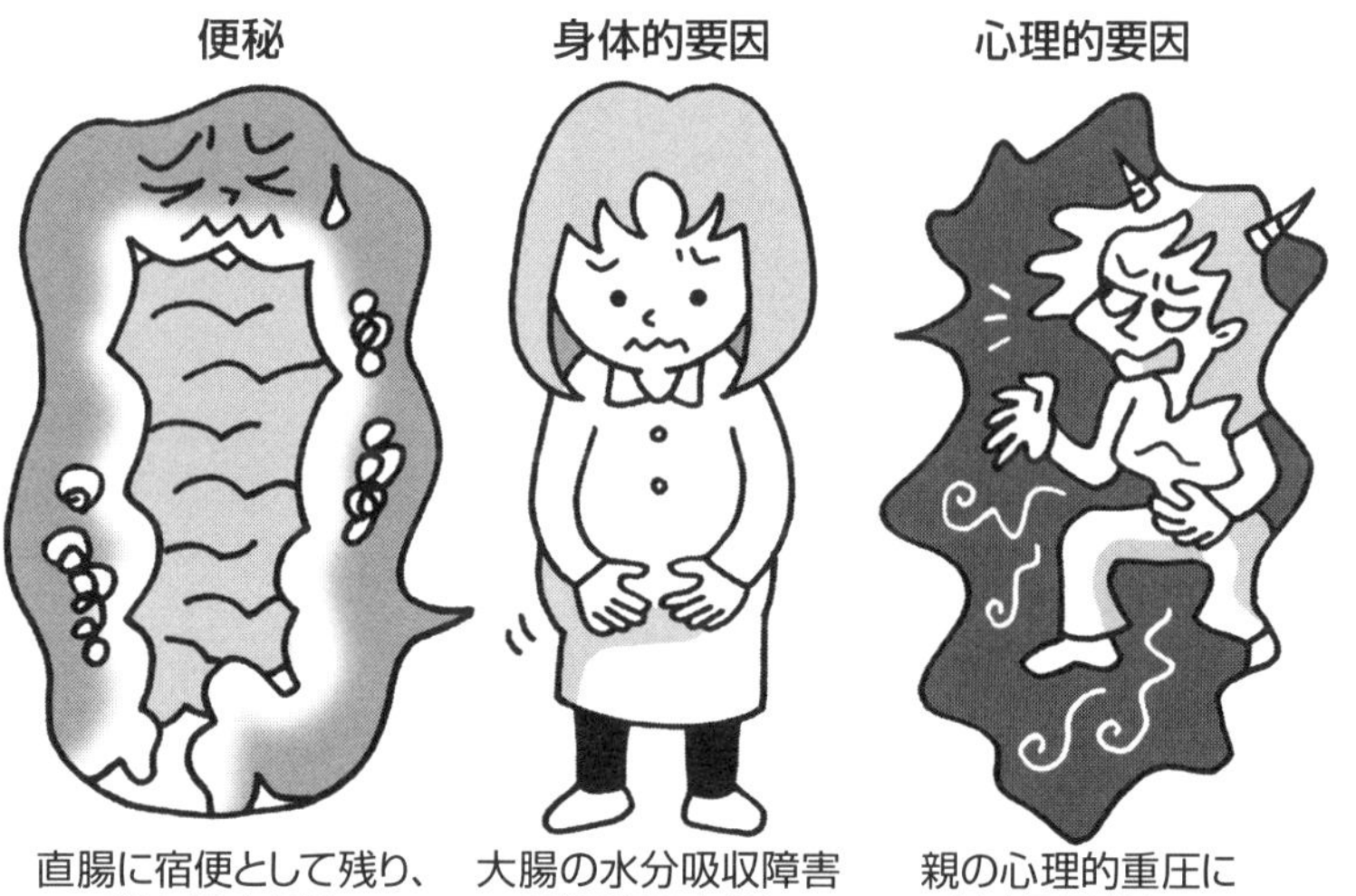

直腸に宿便として残り、腸を詰まらせ、液状の便が漏れ出す

大腸の水分吸収障害で下痢のような軟らかい便

親の心理的重圧に対する子どもの表現手段の一つ

身体的要因とは、排便をコントロールする身体機能（直腸の周りの筋肉やそれをコントロールする神経、ホルモンなどの働き）に問題があり、遺糞症になっている場合です。大腸の水分吸収が障害されたり、肛門括約筋の機能不全が起こったりすることにより、下痢のような軟らかい便が漏出してしまいます。

心理的要因とは、保護者が「子どもに干渉しすぎる」「プレッシャーを与えすぎる」「子どもを一方ではかわいがりながらも他方では虐待や遺棄している」「子どもに両立できないような無理な目標達成を要求している」などといった心理的重圧や「周囲の人とうまくいっていない」といった不安に対して、子どもは自分の気持ちや考えをうまく伝えることができないため、「つらい」「不安である」といった表現手段として遺糞を行うというものです。便秘や身体的要因といった問題がとくに見いだされないにもかかわらず遺糞症が続くようであれば、心理的要因も検討する必要があります。

反抗挑戦性障害（他人の権利を侵害するような、反社会的で攻撃的な行動をくり返す障害です）の子どもの場合、意図的に遺糞をすることがあります。反抗挑戦性障害については96ページを参照してください。

対応法

まず子どもへの心理的支援が求められます。子どもは遺糞により自分を責め、自己評価や自尊心は相当に低くなっています。直ちに対応法を指導するのではなく、子どものつらい気持ちを受容し、子どもの話を傾聴するように心がけてください。また、しばしば保護者が子どもに対して怒りや落胆といった情動反応を示すことがあります。子どもの遺糞の問題では家族の協力を得ることが大切となりますので、保護者の気持ちを受け止めることも必要となってきます。

本人や保護者の話から便秘であることが確認されたら便秘への対応が優先されます。「『食後（とくに朝食後)、トイレに行く習慣をつける』『朝、起床したときに水を飲む』など生活習慣を整える」、「『きちんと3食を食べる』『繊維質の多いものを食べる』『水分を多めにとる』『ビフィズス菌やオリゴ糖をとるようにする』など食生活を整える」、「適度な運動をする」などの指導を子どもや保護者に行ってください。

子どもが便秘で苦しんでいるようであれば、緊急措置として市販の緩下剤や浣腸《かんちょう》の使用を保護者や本人とご検討ください。それでも便秘が解消しないようであれば、消化器科などの医療機関の受診を検討してください。便秘症が進むと直腸に糞石が出来てしまいます。この糞石は少々の下剤や浣腸では出すことができませんので、摘便(便をかき出すこと)が必要となってきます。

心理的支援が必要なときは
カウンセリングの実施を

便秘ではないにもかかわらず遺糞である場合には、腸などの身体的問題が潜んでいることがあります。小児科や消化器科などの医療機関に相談するようにご指導ください。肛門や直腸などの構造的問題、寄生虫などの感染検査、便意を感じられているかどうかという脳の機能上の問題などについて検査が行われます。

これらの問題が医療機関で見いだされない場合には、心理的要因が影響している可能性があります。先生方は、子どもの話を受容・傾聴する来談者中心療法を基本とするカウンセリングを実施するようにしてください。学校でのカウンセリングで対処できないときは、心理相談室や心療内科などの専門機関を紹介するようにしてください。

体の問題

「痛み」を訴えて頻繁に保健室に来る子どもがいます。子どもの様子からは仮病でなく、本当に痛がっているように見えます。しかし、いくら医療機関で検査をしても原因がわかりません。このような子どもに対して、どう対応したらいいのでしょう。

事例12

原因不明の「痛み」を訴え続ける子

疼痛《とうつう》を主症状とする身体症状症

内科や外科などの医療機関で「痛み」の原因をいくら検査しても異常が見いだせないのに、子どもが「痛み」を訴え続けるようですと疼痛を主症状とする身体症状症の可能性があります。疼痛とは「痛み」のことで、心の中の不安や緊張、ストレスが体に「痛み」として出現してしまう症状を指しています。ストレスや不安、葛藤が身体のさまざまな症状となって出現することを身体表現性障害といいます。

身体症状症の場合、痛みは決して「気のせい」などではなく、本人にとっては現実に感じられている痛みであり、しかも非常に激しい痛みであることがほとんどです。そのため、勉強や運動ができなくなってしまうこともあるほどです。痛む身体部位は頭や顔、胸、腹、背中、手、足、関節、骨盤などのことが多いのですが、それ以外にも体のあらゆる部位が痛くなり、子どもによっては数カ所に及ぶこともあります。また、痛みの種類も、熱がある、しめつけられる、しびれる、ズキズキする、ピリピリする、ジリジリする、ヒリヒリするなどさまざまです。痛みは急性のこともあれば慢性になることもありますが、慢性の場合には次第に「痛み」が悪化していくケースが多く見られます。ただし身体症状症の場合、あまりに激しい痛みを訴えるため鎮痛剤を使っても痛みが治まることはありません。また痛がることで、先生や保護者、友だちなど周囲の人から愛情や配慮などを受けることができるようになりますと、ますます痛みが激しくなり、慢性化する傾向があります。

以下に示す項目が従来、用いられていたDSM-Ⅳ-TRによる疼痛性障害の診断基準です（文面は、一部、修正をしています）。

・深刻な疼痛性障害が身体に1カ所以上ある
・痛みのために強い苦痛を感じていたり、勉強や社会的な面で支障がある
・心理的な要因が、疼痛の原因やその深刻さ、再発などに大きく関わっている
・疼痛は本人がわざと作り出しているわけでも、痛むふりをしているわけでもない
・疼痛は感情障害や不安障害、その他精神病の症状として説明できるものではない

養護教諭としての対応

子どもが「痛み」を訴えるようであれば、まずは内科や外科などで検査を受けるように保護者とご相談ください。「痛み」の背後に病気が潜んで

痛みの原因が特定できないときは心療内科や精神科で診断を

いることもあります。内科や外科などで検査や治療を行っても痛みの原因が特定できず、診断もはっきりしないにもかかわらず子どもの痛みが長引いているようでしたら、心療内科や精神科を検討するように本人や保護者をご指導ください（病院によっては医師の方から心療内科や精神科を受診するように勧められるかもしれません。その際は、医師の指示に従うように保護者にお伝えください）。疼痛を主症状とする身体症状症は、心療内科や精神科で診断されるのが一般的です。

子どもが身体症状症と診断された場合、治療は医師と本人、保護者が相談の上で進めていくことが求められますので、先生方から本人や保護者にその旨をお伝えください。医療機関では、以下に示す対応をとるのが一般的です。

(1)本人に、「痛み」がストレスや不安によって生じていると認識させる
(2)認知療法や支持的精神療法、行動療法、集団療法などの心理療法でストレスの原因を明らかにし、その解決を図る
(3)抗うつ薬や抗不安薬を用いてストレスや不安を軽減する（抗うつ薬を用いることで7～8割の人の痛みが消えたという報告もあります）

また、先生の方から子どもが抱えている「痛み」に話題を向けてしまうと、子どもの意識を「痛み」に集中させてしまうため逆効果となることがあります。必要以上に子どもに対して「痛み」のことを話題にしないようにご配慮ください。

保護者や担任に求められる対応

身体症状症の場合、子どもが訴える「痛み」に対して過度の配慮をしたり、親切にしたりしても「痛み」は改善されません。「痛み」を訴えることで周囲から優しく対応してもらえると認識してしまうと、症状はさらに長期化してしまうことにもなりかねません。周囲の対応の基本は、本人が苦しんでいることは理解しながらも、「痛み」を理由にして子どもが行うべき行動や予定を取り消す

「痛いはずがない」
と仮病扱いしない

痛みを我慢するような
プレッシャーを避ける

本人が夢中に
なれるものを探してやる

医師の処方なしに
勝手に薬などのませない

ことのないようにさせることです。子どもには、今までやれていた勉強や課題、運動を、今までと同じように行わせることが大切です。

保護者や担任に対しては、とくに以下の留意点を伝えるようにしてください。

(1)「痛いはずがない」と子どもを批判することは避ける。疼痛によって子どもが苦しんでいることを理解し、決して子どもを仮病扱いして責めないようにする

(2)「まだ治らないのか」「そんな痛みも我慢できないのか」といったプレッシャーや激励を避ける。これらのプレッシャーや激励が疼痛をさらに悪化させます

(3)何かに夢中になったり、集中したりしているときには「痛み」をあまり感じないようになるため、本人が興味を持って夢中になれるものを周囲の人も一緒になって探すように心がける

(4)医師が処方した以外の薬、健康食品を勧めるなど治療を妨げる行為はしない

体の問題

夕方から夜間にかけて、じっと座っているときや横になっているとき、脚の裏やふくらはぎ、太ももなどが「むずむずする」「虫がはっている感じがする」と子どもが相談に来ることがあります。どう対応したらいいのでしょう。

事例13

夜間、脚がむずむずして寝られない子

むずむず脚症候群

「むずむず脚症候群」という言葉をお聞きになったことがあるでしょうか。「レストレスレッグス症候群」ともよばれています。最近、テレビや雑誌などで取り上げられるようになってきましたので、ご存じの先生方も多いと思います。

むずむず脚症候群とは、脚の表面ではなく、内部に不快な異常感覚が起こる疾患です。その異常感覚は、「むずむずする」「虫がはっている感じがする」などの言葉に代表されますが、それ以外にも「じんじんする」「ピクピクする」「ピリピリする」「電気が流れている感じがする」「かきむしりたい」「火照る」「痛い」などさまざまです。

これらの症状が起こりますと、脚をたたいたり、歩き回ったりするなど「とにかく脚を動かしたい」という強い衝動が湧き起こります。症状は、夕方から夜間にかけて現れることが多いため、「なかなか入眠できない」「夜中に目が覚めてしまう」「ぐっすりと眠った気がしない」などの睡眠障害を引き起こしやすくなり、子どもによっては十分な睡眠が取れないために授業中に寝てしまうなど学習・生活面に深刻な影響を及ぼしてしまうこともあります。

むずむず脚症候群であるかどうかを判断する目安としては、以下に示す四つの項目のすべてに子どもが当てはまるかどうかで判断します。

・かゆみや痛みなどの不快な下肢の異常感覚に伴って脚を動かしたいという強い欲求が起こる
・その症状が寝ている状態や座ったりしている状態でも始まる、あるいはひどくなる
・その症状は体を動かすことによって改善または治まる
・その症状は日中より夕方から夜間にかけて強くなる

むずむず脚症候群の原因

原因はまだ十分には明らかにされていませんが、脳内の神経伝達物質の一つであるドーパミンの機能低下や鉄分不足が影響しているとする説が有力です。鉄分が不足することによりドーパミンが合成されなくなった結果、むずむず脚症候群の症状が出現するのではないかと考えられています。また、これら原因がはっきりとわからない1次性のものに加えて、他の病気や薬などが原因となって起こると考えられている2次性のものもあります。2次性の原因としては鉄欠乏性貧血や慢性腎不全（とくに透析中である場合）、糖尿病、末梢神経障害があげられます。

脚の内部に異常感覚が起こり
睡眠障害を引き起こす

日本でも2～5％の人がむずむず脚症候群で悩まされていると推計されており、決して珍しい疾患ではないことがわかってきています。女性は、男性に比べて1.5倍多いというデータもあります。また、従来は40歳以上の中高年、とくに女性に多いとされていましたが、子どもにも多く見いだされるようになっています。そして、子どものむずむず脚症候群の場合、保護者や近親者もむずむず脚症候群を発症していることが多く、遺伝的要因が深く関わっている可能性があることが指摘されるようになっています。

従来、子どもについてはむずむず脚症候群についてなかなか正しい診断がされず、注意欠陥多動性障害と誤診されてしまうケースも少なくありませんでしたので注意を要します。

対応法

むずむず脚症候群は脚の筋肉や皮膚の疾患ではありません。上述しましたように、中枢神経に問題があると考えられていますので、「睡眠センター」「睡眠クリニック」などの睡眠外来や精神科での受診が必要になってきます。

先生方が子どもから相談を受け、むずむず脚症候群である可能性があると感じたときには、まず子どものつらさを受容・共感するとともに、念のため睡眠外来や神経内科などの専門医への受診を勧めるようにしてください。医師の間でも認知されている割合はまだ低く、一般外来では十分な対応ができないことがあります。

通常、治療は症状が軽い場合には生活改善を中心に行い、それでも症状が軽減しない場合には薬物療法を組み合わせることが一般的です。薬物療法としては、2010年1月、国内初となる治療薬「ビ・シフロール」が認可・保険適用されるようになりました。この新薬は75％以上の人に症状の改善が認められるなど有効性が確認されており、また副作用が少ないという特徴があります。

日常生活の生活改善を行う場合には、以下の指

TEA
コーヒー
カフェイン飲料を控える
鉄分の補給を心がける
就寝前にストレッチをする

導を通常は実施します。子どもがむずむず脚症候群と診断されましたら先生方も以下の点に留意して子どもの生活指導をするようご配慮ください。

(1)カフェイン飲料を控える：コーヒー・紅茶・緑茶などに含まれるカフェインは脚の不快感を強くするだけでなく、眠りを浅くしてしまいます。子どもには、喉が渇いたときにはカフェインが含まれていない飲み物をとるようにご指導ください。

(2)鉄分の補給を心がけ、バランスのよい食事をするようにする：鉄の欠乏が症状を引き起こす原因の一つと考えられていますので、鉄分の豊富な食べ物（レバーやほうれんそう、卵、ひじき、いわしなど）を積極的に摂取し、バランスのよい食事をとるようにご指示ください。

(3)規則正しい生活と軽い運動、マッサージの実施：早寝早起きや食事をほぼ同じ時間にとるなどの規則正しい生活をするとともに、散歩などの軽い運動や就寝前のストレッチで筋肉を弛緩させると効果的です。

体の問題

「声が裏返ってしまう」「声変わりのため周囲の友だちにからかわれる」「変声期が遅れていて、声が高いままだ」など、「声変わり」の問題で悩んでいる子どもは少なくありません。声変わりのメカニズムや子どもの心理、対応法を考えてみましょう。

事例14

声変わりで悩んでいる子

声変わりのメカニズム

喉には声帯とよばれる器官があります。音が出るのは、肺から息を吐く際、声帯を震わせ、口や鼻で共鳴させるからです。思春期に入り、性ホルモンの分泌が盛んになりますと、子どもの声帯から大人の声帯へと変化します。変化に際しては、まず声帯に一過性の「むくみ」が生じ、その後、この「むくみ（浮腫）」は結合組織の増殖によって長くなります。声帯の変化は男女のいずれにも起こりますが、男子の声帯は女子よりも長くなりますので変化がより顕著です。

日本の男子の声帯は、変化が起こる前の男児では9～10ミリ程度ですが、変化後は17～21ミリ程度と約2倍の長さになります。弦楽器の弦は長くなればなるほど音が低くなりますが、声帯も同様に長くなると低音になり、男子ですと約1オクターブほど音が低くなります（女子の場合、声帯はそれほど長くなりませんので、三半音程度しか下がりません。それでも音色は子どもの声とはっきり区別ができるようになります）。

また、声帯が長くなるのに伴って男子では喉頭の甲状軟骨が前に突出し、いわゆる「喉仏」が見られるようになります。この声帯の変化が、子どもの声から大人の低い声に変化させる「声変わり（変声）」といわれている現象です。

声変わりが生じる年齢には個人差がありますが、現在の日本の子どもたちは11～14歳（小学5年～中学2年）ごろになります（女子は男子よりやや早くなります）。声変わりの時期（変声期）には、声帯粘膜が充血し、透明さを失い、粘液の分泌も増加します。また、声帯の急激な発育に対して声帯筋の発達が伴わないため、声がかすれたり、裏声になったり、音域が狭まったりして声がうまく出ない（とくに高音が出ない）ことがあります。子どもから大人の声への変化に要する期間は3カ月から1年半（大多数の子どもは半年から1年）程度ですが、個人差が大きく、声が安定するまでに3～4年程度かかることもあります。

11～14歳ごろに
子どもの声帯から大人の声帯に

変声期の子どもの心理

思春期の子どもにとって、性ホルモンにより大人の体に作り変えられる自分自身の体の変化は、一方では「わずらわしい」「めんどうくさい」と思われる半面、無関心ではいられません。大多数の子どもにとって自分の体の変化が周囲の友だちと比べて早いのか、あるいは遅いのかということが非常に気になっています。これは声変わりについても同様です。

変声期が早く訪れた男児の場合、クラスの友だちにからかわれたり、保護者や周囲の大人から早熟であることを指摘されたりしますと、精神的に傷ついたり、無口になってしまうことも珍しくありません。子どもによっては、変声期を隠すために上手に裏声を出し続けて、声変わりが起こっていないように装う子どももいるほどです。このような行動をしてしまう子どもの深層には、「声が変わることは恥ずかしい」「大人になりたくない」「男らしくなることに抵抗がある」といった潜在意識があることが考えられます。裏声を出し続けますと、成人になっても子どものような発声をしてしまうことがあります。

逆に変声期が遅れている子どもにとっては、周囲の友だちが次々に声変わりをしているのに自分だけが取り残されている不安感にかられたり、友だちや保護者から子ども扱いされたりすることで悩んでしまうこともあります。

変声期を迎えた子どもへの対応

声変わりに際して、上述したように、子どもはさまざまな不安を持ちます。しかし、これらの不安は、周囲の子どもが変声期を終了する頃になると、いつの間にか治まっていきます。対応としては、「心配ないよ。誰もが経験することだよ」と励ますのではなく、まずは子どもの話を傾聴し、不安に共感してください。子どもの悩みの背景に「声が変わることは恥ずかしい」「大人になりたくない」といった考えがあるケースでは、さらに傾聴に努める必要があります。その上で声変わりが起こるメカニズム、声変わりが終了する時期、変声で音がどの程度低くなるのかなどについて説明するようにしてください。

また、この時期に無理な発声をすると声帯の粘膜を傷つけ、変声期が終了しても「声のかすれ」(嗄《か》れ声)が残ってしまうことがありますので、子どもには「自分の出しやすい声域で声を出すようにして、無理に声を出すことはしない」ようにご指導ください。

あまりに声のかれがひどいときは、耳鼻咽喉科を受診するようにご指示ください。

いつまでたっても変声期がないことで悩んでいる子どもに対しては、性ホルモンなどの二次性徴に問題がないかどうかを確認しておく必要がある場合があります。その場合には、保護者や本人との協議の上で医療機関をご検討ください。

性ホルモンなどの二次性徴に必要なホルモンバランスが良好であるにもかかわらず声変わりが順調ではない場合には変声期障害（声変わり障害）の可能性があります。「発声する際の筋肉の協同運動がうまくいかず、本来の地声ではない高い裏声での発声が続く（持続性変声）」「会話中に低い地声と高い裏声が交互に入り交じってしまう状態がいつまでも続く（遷延性変声）」「変声期のしゃがれ声がそのまま残る」「変声期バスとよばれる異様に低い声が続く」「10歳ごろから喉頭だけが発達し、男性の大人の低い声になってしまう（早発性変声）」「女性なのに『喉仏』が突出し、男性成人のような声になる」などが変声期障害の例です。

このような場合には、専門の耳鼻咽喉科医の診察を受けた上で発声訓練を行うことを保護者・本人とご検討ください。発声訓練により本来の安定した地声で発声できるようになります。さらに甲状軟骨形成術3型という手術により、高い声を低くすることも可能です。

無理に声を出すことをしない

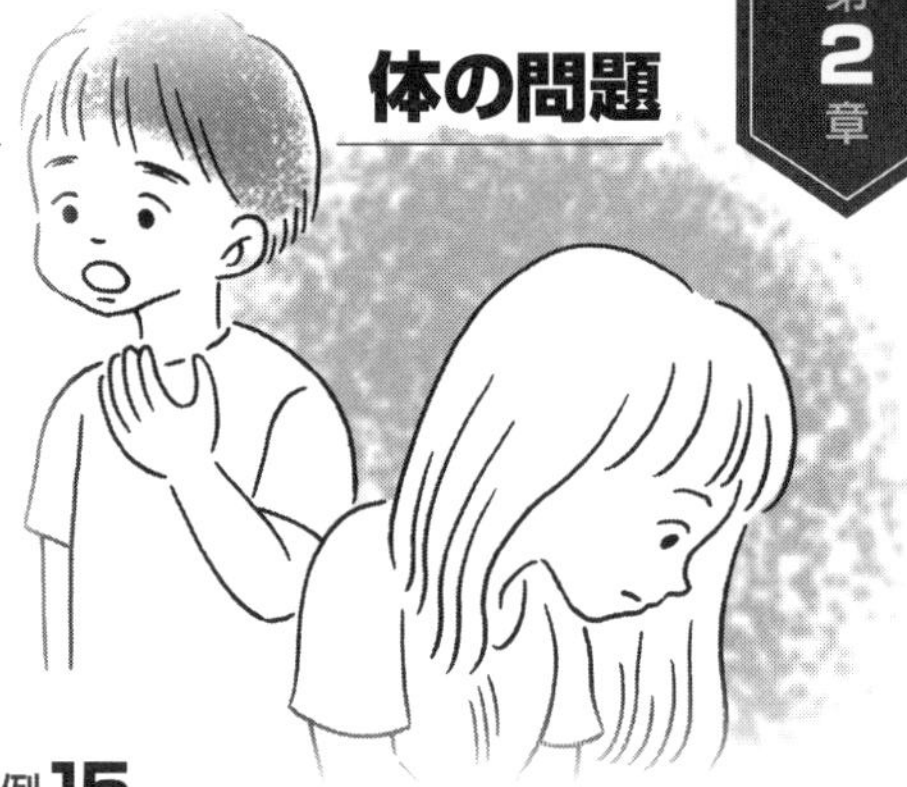

初潮を迎える年齢が低年齢化し、小学校3・4年生で初潮を迎える女子もいます。生理の開始とともに生理痛のために寝られない、学校へ行くことができないと悩む子どももいるほどです。子どもが相談に来たときの対処法を検討してみましょう。

事例15

生理痛に悩む子

思春期の生理痛

性ホルモンの分泌が活発になる思春期になりますと、女子の場合、第二次性徴のひとつとして生理が始まります。思春期は性的に成熟していく時期ですが、子どもによっては生理痛が強く出てしまうことがあります。これは子宮が未熟なために子宮口が狭く、子宮内で剥がれた内膜を外に押し出そうとするときに強い圧力がかかってしまった結果、痛みを感じるためです。また、思春期の子どもは、友だちや恋愛などの対人関係、クラブ活動での大きな大会への出場、志望校への進学を目指しての受験勉強などさまざまな問題で重圧がかかっています。このようなストレスが生理痛をさらに強めてしまうことがあります。

さらに、生理が始まって間もない子どもの場合、生理に対する経験が不十分ですので、「今月もまた痛みが襲ってくる」と考えるだけで身構えてしまい、それがストレスとなり、生理痛をひどくしてしまうケースもあります。このような性成熟の過程で生じる生理痛の場合、一般には年齢とともに痛みは起こりにくくなっていきます。
　ただし子どもによっては、プロスタグランジンが過剰分泌しているために生理痛が起こることもあります。プロスタグランジンは子宮の内側を覆っている膜（子宮内膜）から作られ、子宮を収縮させて血液を排出させる働きを持ちます。このプロスタグランジンの分泌量が多くなりますと、その分収縮が強くなり、痛みも増加してしまいます。プロスタグランジンには腸の働きを活発にする作用もありますので、生理になると下痢になってしまうことがあるのはこのためです。プロスタグランジンによる生理痛を「機能性月経困難症」といいますが、とくに病気ということではありません。思春期の生理痛の多くが機能性月経困難症によると考えられています。（プロスタグランジンとは子宮筋収縮に関与する不飽和脂肪酸）
　しかし、10代後半になってきますと、子宮内膜症や子宮腺筋症、子宮筋腫、クラミジアや淋菌などの細菌に感染して微熱や悪臭のあるおりものが出る骨盤内感染症、原因は不明ですが下腹部が重く痛む骨盤内うっ血症候群といった「器質性月経困難症」とよばれている病気により生理痛が激しくなる子どももでてきます。これら器質性月経困難症による生理痛の場合、一般に年々、出血量が多くなり、痛みも激しくなっていきます。性の問題であるため「恥ずかしさ」を口にする子どもも少なくないと思いますが、痛みが強く、勉強や日常生活に支障をきたしているようであれば、我慢せずに婦人科を受診するようにご指導ください。生理痛の背後に病気が潜んでいることがあります。

生理痛の相談での対処法

　生理痛の悩みで保健室を訪れる子どもに対しては、まず生理痛の症状や痛みの程度を確認してください。「緊急性がない」「痛みの程度がそれほど激しいものではない」と判断される場合には、次に示す日常生活の工夫をするようにご指示ください。

(1)おなか・腰を温める：冷えがありますと生理痛が増す原因になります。腰に温湿布を貼ったり、お風呂に入ったりして腰を温める、運動をする、冷たいものをとりすぎないようにするといった対策を講じ、冷えを予防するようにさせてください。

(2)腰への負担を減らす：腰がつらいと子どもが言うときには、腰の下に丸めたタオルを置いて寝るようにご指示ください。腰の痛みが引き、生理痛も軽減します。

(3)腰の位置を安定させる：ベルトを締めて腰の位置を安定させますと、生理痛や腹痛、腰痛が軽減することがあります。

(4)食べ物に注意を払う：生理中はチョコレートやナッツ類は控えさせ、豆乳や豆腐、納豆などの大豆イソフラボンをとることにより、生理痛が和らぐことがあります。

(5)炭酸水（無糖の発泡水）を飲む：無糖の炭酸水を飲むことで生理痛が軽くなることがあります。

(6)骨盤矯正体操をする：骨盤のずれが生理痛につながっている場合もあります。次に紹介する体操を3分程度行うことで、生理痛が楽になる人もいます。

①腰回し運動：骨盤の位置に骨盤ベルトや骨盤ゴムチューブを巻き、足を肩幅に開き、頭を動かさないように腰を左右各10回くらいずつ回します。

②骨盤のゆがみ矯正体操：両足を前に出して座り、少し開き気味にします。右手を後ろにつき、息をゆっくりと吐きながら体を右にひねり、左手を後ろにある右手に重ねるようにします。その後、ゆっくりと息を吸いながら元に戻します。右側の骨盤がゆがんでいる場合は、反対向きで行います。

(7)ストレスを解消する：睡眠を十分にとるとともに、アロマセラピーや呼吸法、筋弛緩法、自律訓練法などでストレスを解消すると生理痛が軽くなることがあります。

　生理による痛み、腰痛、頭痛、吐き気などの症状が強く出る場合を月経困難症といいます。日常生活での工夫を実践しても生理痛が改善せず痛みが強くなったり、月経困難症であると判断されたりする場合には、上述したように婦人科の受診を勧めるようにしてください。

　医療機関では、生理痛が器質性月経困難症なのか、それとも機能性月経困難症であるのかを判断します。そして、器質性月経困難症であると診断した場合には「手術などによる治療」や「薬を使っての痛み止め」を、特定の病気がないと診断された場合には機能性月経困難症として「鎮痛剤や低用量ピル・ＬＥＰ製剤などのホルモン剤を使って痛みを止める」「子宮内膜を薄くする」などの処置がとられます。

　薬を飲むことをためらい、痛みを我慢してしまう子どもがいますが、生理中に薬を飲んでも常習化することはありません。容量を守り、飲むように子どもにご指導ください。

体の問題

学齢期になると、乳幼児期の未成熟な発達に起因した嘔吐《おうと》（ロタウイルス腸炎、胃食道逆流症、腸重積症、肥厚性幽門狭窄症など）は減少します。しかし、小学生以降に増加する嘔吐もあります。嘔吐に対する基本的知識と対応法を再確認しておきましょう。

事例16

吐いてしまう子

学齢期以降の子どもの嘔吐

年齢によらず、子どもの嘔吐で最も多いのが急性胃腸炎です。しかし、小学生以降の子どもの嘔吐に際しては、以下に示す諸症状があるかどうかに留意する必要があります。

(1)急性胃腸炎（嘔吐下痢症）：口から胃腸に入ったウイルスにより引き起こされ、ほとんどのケースで嘔吐とともに下痢、腹痛、発熱を伴います。嘔吐や下痢は口から侵入した細菌やウイルスを体の外へ排出しようとするものです。

(2)かぜによる嘔吐：かぜをひいたときに、せき込みが喉を刺激して嘔吐してしまうことが子どもにはよくあります。症状としては、鼻水、せき、喉の痛みではじまり、数日のうちに発熱、頭痛、全身のだるさ、食欲の低下がみられます。

(3)インフルエンザ：悪寒を伴い、熱も突然40度近い高熱になります。頭痛、筋肉痛、鼻水、せきなどかぜに似た症状となり、嘔吐や下痢を起こすこともあります。

(4) 熱中症による嘔吐：長時間、炎天下にいた後、嘔吐に加え、頭痛や意識もうろうの状態が伴うようであれば熱中症が疑われます。早急に医療機関の受診が求められます。

(5) 急性虫垂炎（いわゆる盲腸）：嘔吐とともに腹痛や37～38度程度の熱を伴います。最初、腹痛は腹全体やへその周辺ですが、時間の経過とともに右下腹部を痛がります。

(6) 中枢性嘔吐：髄膜炎、脳炎、脳腫瘍などでは、脳の嘔吐中枢が直接刺激されて嘔吐が起こります。脳腫瘍が原因の嘔吐はまれですが、嘔吐とともに頭痛が激しくなります。いずれにしても嘔吐がひどいようであれば医療機関の受診をするようにご指導ください。

(7) 溶連菌感染症：38～39度の発熱や喉の痛みに始まり、赤い小さな発疹が全身に出ます。舌に赤いブツブツが出る（いちご舌）とともに口の中も真っ赤になります。嘔吐はあっても下痢がないのが特徴です。季節的には12～3月に多くなります。治療としては抗生物質の投与が効果的です。

(8) 周期性嘔吐症（アセトン血性嘔吐症、自家中毒症）：突然、リンゴがすえたような臭い（アセトン体）の吐しゃ物を吐く発作が始まり、腹痛を伴います。重症になると嘔吐が激しくなり、胆汁（あるいはコーヒー色の血液）を吐くこともあります。10歳ごろまでの痩せ形の男子に多くみられます。原因は十分にはわかっていませんが、疲労や精神的ストレス、睡眠不足、月経により出現しやすくなります。

対応の基本

子どもが吐き気を訴える（あるいは実際に吐く）ようであれば、上述した病気の可能性がないか留意してください。その上で次に示す症状があるようであれば早急に医療機関へ行くようにしてください。

・尿の回数が減っている、または尿が出ない
・吐しゃ物に血液や緑色の胆汁が混ざっている
・吐しゃ物の量が多い
・頭を強く打った後の嘔吐である
・すでに12時間以上、下痢が続いている
・ぐったりしている
・唇が乾いている

また、寝かせるときの注意として、吐しゃ物で窒息しないように顔を横に向かせて寝かせるようにしてください。吐しゃ物が衣服に付きますと不衛生の上に着替えもたいへんですので、吐いたものを入れるビニール袋や洗面器を準備してください。

さらに大切なこととして、脱水症状が起こらないようにするために十分な水分補給が必要です。吐き気の強いときは1回に20～30㎖程度（ちょこ1杯程度）の水分（スポーツドリンクや水）を20～30分ごとに与えます。吐かないようであれば少しずつ水分を増やしてください。半日経過しても吐き気が治まらないようでしたら、脱水症状を防止するために吐き気止めの座薬を使用することをご検討ください。ただし、懸念があるようでしたら医療機関を受診するようにご指示ください。

心の問題や食物アレルギーでも起こる

心因性嘔吐や摂食障害、食物アレルギーが嘔吐に関わっていることがあります。

心因性嘔吐とは、心理的要因（親子関係や友人関係、学業などの心配事、遠足の前日による興奮といったストレス要因）により嘔吐が生じるものです。

摂食障害は、多くの場合、「痩せたい」という思いから無理なダイエット行動をする「拒食症」と、ダイエットの反動から過剰な量の飲食を行い、直後に食べたものを吐いてしまう「過食症」をくり返します。

このように嘔吐の原因が精神的な不安に起因す

嘔吐の原因

心因性嘔吐　摂食障害　食物アレルギー

ると考えられるケースでは、子どもの話を傾聴・受容することからはじめてください。精神的に安定してくれば嘔吐が次第に治まることがあります。先生の対応では対処が困難であると判断される場合には、心療内科や精神科などの医療機関や相談機関につなげることをためらわないようにしてください。

食事でいつも吐いているというわけではなく、ときどき嘔吐が起こる子どもには、食物アレルギーによる嘔吐が考えられます。「吐いたときの食べ物」を書き留めるようにご指導ください。共通した食材が関与しているかもしれません（アレルギー反応ではなくても苦手な食材による嘔吐であることがわかる可能性があります）。

最終的に確認するためには、血液中にその食品に対して異常免疫（アレルギー抗体）があるかどうかを検査する必要があります。小児科やアレルギー科などの医療機関へ行くようにご指示ください。

第2章

体の問題

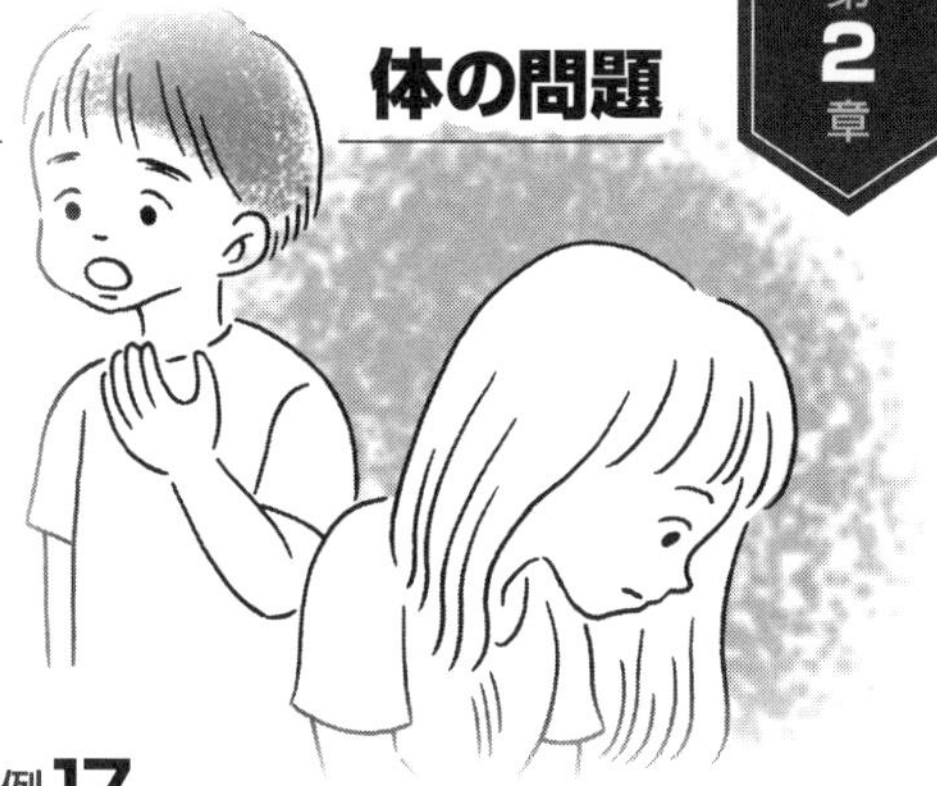

アトピー性湿疹に悩んでいる子どもは少なくありません。従来、大人になれば改善されていくと考えられていましたが、必ずしもそうならないケースも見られます。アトピー性湿疹が生じるメカニズムや対応法について検討してみましょう。

事例17

アトピー性湿疹に悩む子

アトピー性湿疹

単なる皮膚のかぶれとアトピー性湿疹とを混同している人が多いようです。アトピー性湿疹は、一般的には「かゆみのある湿疹が増悪、寛解をくり返す」症状です。湿疹は「かゆみ」にとどまらず、赤く腫れる、肌がカサカサする、かさぶたができる、皮膚が硬化するなどの諸症状を含みます。

一度、アトピーになりますと、皮膚はかさぶたが剥がれた直後のように薄い状態となり、刺激に対して過敏になります。過敏になった皮膚はちょっとした刺激にも反応し、強いかゆみを伴うようになります。かゆくてたまらないために引っかくと出血したり、皮膚の表面が熱をもって腫れてしまったりするなど、さらに皮膚の状態は悪化します。

皮膚を引っかくことを一時的に我慢できている間は、皮膚の状態は改善しますが、強いかゆみのために引っかいてしまうとすぐに悪化するなど、改善・悪化をくり返しながら症状が長期に及ぶようになってしまいます。

アトピー性湿疹が生じるメカニズム

私たちの体は、外部からウイルスや細菌などの病原体（抗原）が侵入してきますと、再び同じ病原体が侵入してきても対抗できるように「抗体」を作り、この抗体が抗原を攻撃することで健康を維持しています（この反応を抗原抗体反応といい、外部の病原体を排除しようとするシステムを免疫といいます）。しかし、この免疫システムが過剰に作用して、本来、人体に「有害でないモノ」にまで抗体を作ってしまうことがあります。これがアレルギー反応とよばれるもので、アトピー性湿疹もその一つです。

アレルギーを誘発するモノをアレルゲンといいますが、アトピー性湿疹ではダニやハウスダスト、ペットの毛、卵や牛乳、大豆などの食べ物などさまざまなものがアレルゲンとなり得ます。

アトピー性湿疹が起こるもう一つの要因が皮膚のコンディションです。皮膚の表面（角層）には外的刺激や細菌の侵入を防ぐ「バリア機能」があります。しかし、皮脂膜、角質などの機能が低下してしまい、水分・脂質が少ない乾燥肌の人は、外的刺激に弱くなり、アレルゲンとなる「異物」の侵入を容易に許してしまいやすくなります。

アトピー性湿疹の症状の改善を図るためには、アレルギーへの対応と同時に汗や汚れから肌を守り、過度の刺激を与えないようにして皮膚のコンディションをよくする対応といった二つの側面からのアプローチが大切であるということになります。

ストレスとアトピー性湿疹

ストレスは、私たちの免疫力を低下させ、アレルギー反応を生じさせやすい状態にします。健康な人でも睡眠不足が続くなどの身体的ストレスや、テストや試合のプレッシャー、家族や友人など人間関係上のトラブルといった心理的ストレスが長期に及びますと、肌荒れや吹き出物などが出現し、皮膚のコンディションは悪くなります。アトピー性湿疹の人にとって、ストレスはさらに重症化を引き起こしてしまう要因となります。とくに心理的なストレスは、イライラすることにより血圧が変化し、体温を上昇させてしまうため、汗などの外部刺激がなくても皮膚にかゆみや炎症を引き起こしてしまいやすくなります。

また、ストレスが強度になりますと、たとえ「かゆみ」がない場合でも、ストレスを解消する目的で引っかいてしまうことがあります。このような行動を「嗜癖的《しへきてき》掻破《そうは》行動《こうどう》」といいます。身体的・心理的ストレスを感じますと、そのストレスを紛らわせるために、たとえ「かゆみ」がなくても「引っかく」行動をし続けてしまい、やがてやめられなくなってしまうのです。

アトピー性湿疹は治りにくいため、子どもはさまざまな不安や劣等感を抱え、それでなくてもストレスを抱えやすい状態になっています。その上に新たなストレスが加わりますと、アトピー性湿疹は悪循環に陥ってしまいかねません。規則正しい生活や十分な睡眠時間の確保、疲れたときの休養とともに、子どもが心理的不安を抱えているときには、先生方が子どもの話を傾聴することがアトピー性湿疹に対しても有効となります。

対応法

アトピー性湿疹に対しては、①アトピー性湿疹を引き起こす原因・悪化要因の探索と除去、②炎症を抑える薬物療法、③炎症を予防するスキンケア、が必要となってきます。そのためには皮膚科で診断を受け、医師から適切な指示を受けるようにご指導ください。どのような物質にアレルギー反応が生じるのかは血液検査で調べることができます。アレルゲンを知ることで対策も立てやすくなります。

また、炎症を抑える外用薬としてステロイド（軽

身近にできる
対応法

毎日入浴する

爪を短く切る

保湿・保護用外用薬の塗布

保冷剤でかゆい所を冷やす

傷の場合にはステロイドを含まない外用薬のこともあります）、内服薬として必要に応じて抗ヒスタミン薬や抗アレルギー薬が処方されることが一般的です。

先生方からは、①皮膚を清潔に保つために毎日の入浴やシャワーを欠かさないようにすること、②入浴・シャワー後には必要に応じて保湿・保護を目的とする外用薬を塗布すること、③室内を清潔にし、適温・適湿を保つこと、④爪は短く切り、なるべく引っかかないようにすること、⑤保冷剤や、スポーツで捻挫したときなどに使用するコールドスプレーを用意しておき、かゆくなったときに冷やすこと（あるいは少し冷やしたぬれタオルで炎症部分を押さえること）などの指示を子どもに与えるようにしてください。

その上で上述しましたようにアトピー性湿疹を抱えた子どもの苦しみを傾聴し、共感することにより、少しでも子どものストレス要因を減少させるように努めてください。

体の問題

事例18

下痢をくり返す子

長期にわたって下痢で悩んでいる子どもがいます。下痢が続きますと、「授業中に我慢しすぎて、もらしてしまった」「もらすのではないかと不安で学校に行けない」といった深刻な問題に発展してしまうことがあります。どう対応したらいいのかを考えてみましょう。

急性下痢症と慢性下痢症

食べ物の消化は胃、吸収は小腸、水分の吸収は大腸でそれぞれ行われています。下痢が起きるのは、これら胃や小腸、大腸の消化・吸収能力がなんらかの原因で機能低下したためです。

下痢の種類は、急性下痢症と慢性下痢症の二つに大きく分けることができます。急性下痢症では、便の水分を吸収することができないことにより、便が軟らかくなってしまう症状が急性で起こります。急性下痢症は、ウイルスや細菌、寄生虫などの感染が原因で起こる感染性下痢症と、食べすぎや食中毒、特定の食品に対するアレルギー反応（乳糖不耐症など）、薬、ストレスなどを原因とする非感染性下痢症にさらに分類されます。

一方、慢性下痢症は、1日に1～2回程度の軟便が続く程度のものや、3週間以上、下痢が続いたり、再発をくり返したり、下痢と便秘が交互にやってくるものなどがあります。また、下痢にまでは至らなくても、おなかの調子が悪いということもあります。

いずれにしても、急性・慢性を問わず下痢が起こったときは、その便に「血が混じっている」（赤痢や腸チフス、腸炎ビブリオ性食中毒などの可能性）、「熱がある」（赤痢や腸炎ビブリオ性食中毒、サルモネラ食中毒などの可能性）、「腹痛や吐き気がある」といった症状が一つでもあるようでしたら直ちに医療機関での受診をご指示ください。

長く下痢症状が続く際の対応

なかなか下痢症状が改善しない子どもにとって、精神的苦痛は計り知れません。「『臭い』と友だちから言われるのではないか」「通学の途中で、トイレに駆け込まなければいけないのではないか」「授業中おなかが痛くなっても先生に言い出せず、おもらしをしてしまうのではないか」など不安は尽きることがないからです。このような不安を抱えている子どもに対しては、まずは子どもの話を聴くようにしてください。

その上で下痢症状がなかなか改善しない子どもには、医療機関の受診をご指示ください。下痢は誰もが経験することなので、つい軽視してしまいがちになりますが、病気が潜んでいることがあります。

長期にわたって下痢症状が続く疾患に炎症性腸疾患（潰瘍性大腸炎、クローン病）と大腸がんがあります。潰瘍性大腸炎は大腸の粘膜に、クローン病は消化管全体の粘膜に潰瘍やただれができる

早急に医療機関へ行くケース
・急激な体重減少・血便や下血
・就寝中の便意

疾患で、原因はまだ不明です。大腸がんは大腸にできるがんで、がん腫瘍のために腸内の消化物が通りにくくなり、便ががんの表面をこすることによって、便に血が混ざったり下血したりすることがあります。

急激な体重の減少、血便や下血、就寝中に便意がある場合には、とくに早急に医療機関に行くようにご指導ください。医療機関では血液や便の検査、内視鏡検査などが行われます。

本来は急性下痢症の一つですが、いつまでも下痢症状が続いてしまう疾患に乳糖不耐症があります。牛乳に含まれる乳糖を分解・消化する酵素が腸内に少ない、あるいは腸内にその酵素がないという人が牛乳を飲んだときに起きる症状です。乳糖不耐症の子どもが牛乳を飲みますと、いつまでも下痢症状が改善しません。念のため、牛乳を飲んだ後で下痢が起こっていないかどうか確認し、乳糖不耐症の可能性があるようであれば牛乳を控えるようにご指示ください。

過敏性腸症候群

医療機関での検査の結果、炎症性腸疾患や大腸がんなどの異常が認められないにもかかわらず下痢などの便通異常をくり返すようですと、過敏性腸症候群（ＩＢＳ）の可能性があります。

次の各事項に該当しているかどうか、子どもに確認するようにしてください。

・検査をしても腸に異常はみられない
・長期間だらだらと下痢が続く
・便秘と下痢を交互にくり返すことがある
・食欲は普通にある
・１日に何回も下痢を起こしている

上述した事項だけでなく、腹部の症状として、おなかが「痛い」「張る感じがする」「ゴロゴロ鳴る」、精神症状として不眠や不安感、全身性症状として頭痛や疲労感、めまい、消化器関連の症状として吐き気や食欲不振などを訴えることもよくあります。

また、過敏性腸症候群には「下痢型」、「便秘型」、下痢と便秘を交互にくり返す「混合型」の三つのタイプがあります。この過敏性腸症候群は小学校高学年以上の年齢で多く認められますが、最近は小学校低学年・中学年の子どもにもみられるようになっています。

過敏性腸症候群の主な原因はストレスです。対人関係や環境変化による精神的なストレス、疲労や冷え、病気などの身体的なストレスなどが主因

過敏性腸症候群の原因
ストレスの他に 寝不足・運動不足
・食生活の乱れ

となって、これに寝不足や食生活の乱れ、運動不足などの生活習慣の乱れが加わることで症状が悪化します。そのため、過敏性腸症候群の場合、慢性の下痢を改善するためにはストレスの軽減をはかることが大切になります。子どものストレスや不安を取り除くことができるようにするため、子どもの話を傾聴するようにしてください。

また適度の運動や好きな趣味をすることでストレスを発散させることも大切です。そして十分な睡眠と休養をとり、栄養の偏った食事や不規則な食事の改善を心がけることが求められます。腸の機能を整えるという意味では、食物繊維の多い野菜や乳酸菌、オリゴ糖など腸の働きをよくする食べ物をとることも有効です。

これらの対応でも下痢が改善しないようであれば、医療機関への相談をご指示ください。医療機関では、過敏性腸症候群に対して、症状に応じて薬が処方される薬物療法で症状を改善することが一般的です。

どうしても給食が食べられず、残してしまうという子どもはいないでしょうか。給食を残す背景にはさまざまな要因があります。多くの学校では給食時間は短いので、その限られた時間で対処できる具体的対応法を検討しておきましょう。

事例19

給食を残す子

子どもが給食を残す割合

神戸市が平成20年5月に市内小学校で実施した調査によると「学校給食を残すことがあるか」という質問に対して45・6％の児童が「ある」と答えています。また、この割合を男女で比較すると、男子が37・9％であるのに対して女子は53・5％と、女子に給食を残す傾向があることがわかります。ただし、学校給食を残すことがある児童の割合は、全国調査では全体で54・6％（男子48・4％、女子61・0％）ですから、神戸市の調査は全国平均と比べるとまだ低くなっています。

また、文部科学省による平成17年度「学校を中心とした食育推進事業」での「食生活実態調査結果」によれば、中学生では「時々残す」「いつも残す」と回答したものを合わせると約半数の生徒が給食を残す実態が明らかになっています。

給食を残してしまう理由としては、「嫌いなものがある」「量が多すぎる」「時間がない」が主な給食を残す子どもは多い!

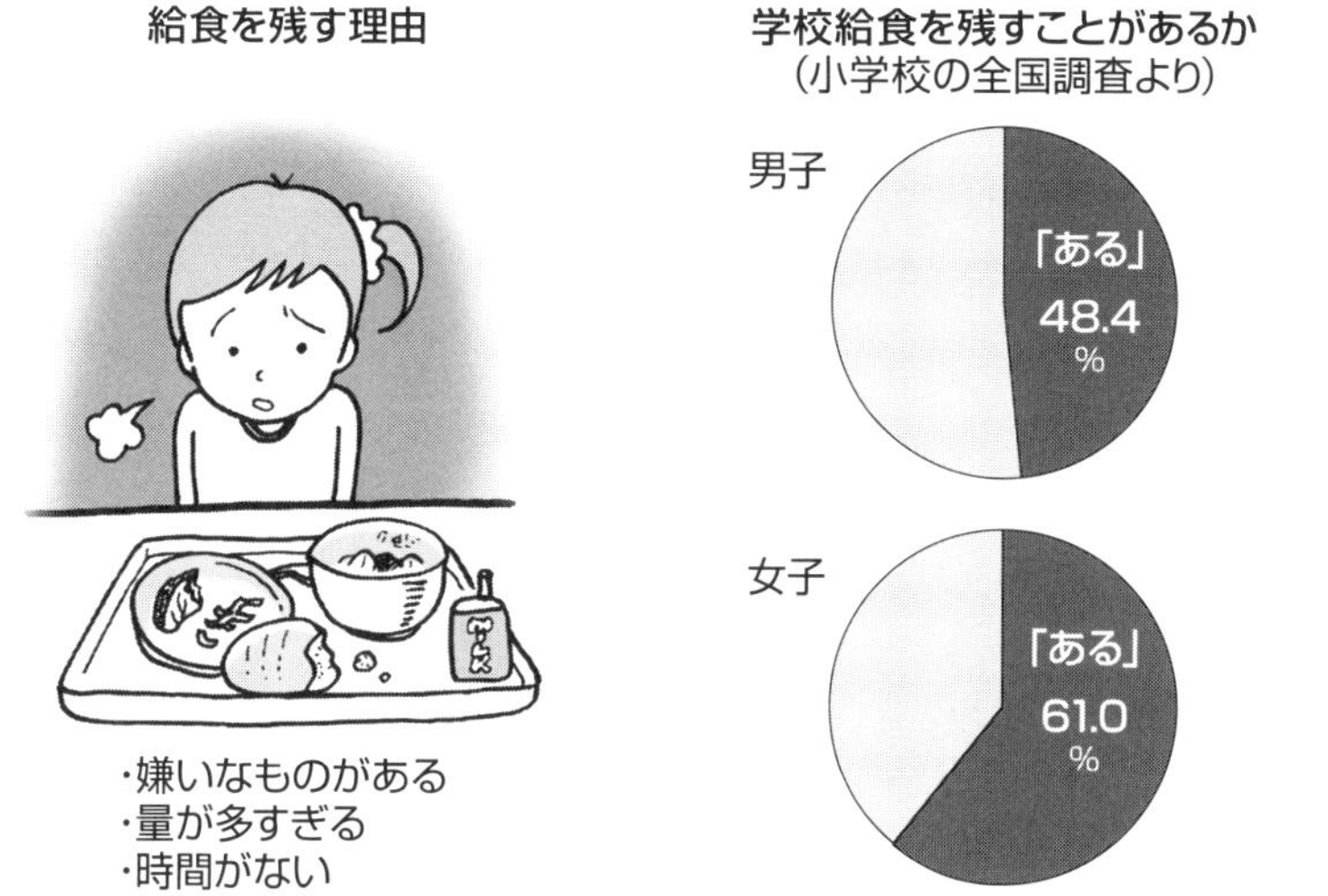

理由としてあげられています。

これらの実態を踏まえると、かなりの子どもたちが給食を残していることがわかります。

子どもが食べ残す理由

ここで問題となるのは、子どもが給食を残すことに対する教師の対応です。先生方の中には、「世界中には食べたくても食べられずに飢えで死んでいく人たちがいる」「偏食が多いと体が健康に育たない」「食べ物を粗末に扱ってはいけない」「給食担当者が一生懸命、作ってくれているのに」と言って、子どもたちに何とか完食させようとする先生がおられます。

子どもたちも「給食を食べ残すのは望ましくないこと」を頭ではよくわかっており、気持ちの上では「申し訳ない」と思っている場合がほとんどです。それでも子どもたちの中には完食ができず、悩んでしまう子どもがいます。

ここで先生方が給食指導をする際、考慮しておくことがあります。それは、子どもが給食を残してしまう理由です。主な理由としては以下のものがあげられます。

⑴アレルギーなどが原因で体が受け付けない
⑵心理的な要因（心因性）で食べられない（また食べようとすると吐き気がする）
⑶嫌いなものはないが、量が多く食べられない
⑷食べるのが遅い
⑸好き嫌いが激しく、食べられない
⑹食わず嫌い（食べた経験がなく、食べたくない）

この中で、⑴⑵については「無理に食べさせる」ことを控える必要があります。⑴については命の危険を伴い、体が震えたり、心臓がドキドキするようになるアナフィラキシーショックが生じることがあります。⑵については恐怖症を引き起こしてしまうことがあります。子どもによっては、その日の給食メニューとは無関係に給食の時間が近づくと胸が苦しくなったり、腹痛や吐き気（神経性嘔吐症）などの症状を示すようになります。これらの子どもの場合、無理な給食指導をしますと、家では食事をとることに問題がないにもかかわらずレストランなど外で食事をしようとすると吐き気を催し、胸が詰まって食べ物が喉を通らなくなることもあります。これは、自律神経反射（副交感神経反射あるいは迷走神経反射）により、胃や食道が過度の緊張状態に陥ってしまうためです。

「⑶量が多く食べられない」「⑷食べるのが遅い」については量を調節してあげる必要があります。学校での給食時間は短く、また子どもの食事量には個人差があります。量の調整法は後述しますので、参考にしてください。

「⑸好き嫌いが激しく、食べられない」「⑹食わず嫌い」については教育者により意見が分かれますが、まずは「その子どもの可能性を広げ、一口でもチャレンジさせる」が基本となります。子どもの味覚は苦味や酸味、辛味に対しては発達が遅くなりますので、ピーマンやセロリなどを嫌がる

のは自然です。

しかし、徐々に味覚は発達していきますので、味覚の発達とともに、これらの食材を食べることができるようになります。

子どもが食べ残しているとき、教師は子どもが食べ残す理由を、子どもや保護者から聴取した上で指導法を変えていくことが求められます。

給食指導のモデル

以上の点を踏まえ給食指導をしていくとすれば、どのような対応が可能でしょうか。給食時間は配膳時間を含め限られていますので、給食の対応法を検討しておくことが有効です。

次の方法は一つのモデルですので、このモデルをクラスの実情に合わせて修正して対応するようにしてください。また養護教諭の先生方は、以下のモデルを参考にして担任の先生と対応法を検討してください。

(1)まず全員にほぼ同量ずつを配るようにする。
(1人ひとりに量の加減をしていますと、短い配膳時間では足りなくなります)
(2)「いただきます」の挨拶をした後、おかず、パン(ご飯)を減らしたい子には減らすことを許可する。アレルギーや心因性の理由による場合には量をゼロにするなど、子どもの実態により量の加減をする。その際、「食わず嫌い」の子どもには「一口のチャレンジ」を促す。
(3)その後、量を増やしたい子には増やしてあげる。
(4)残りはお代わりにする。

「食わず嫌い」の子どもには、まず「一口のチャレンジ」を促す

先生が何を話しかけても、学校では話さない子どもがいます。家ではよく話していると保護者が言うようであれば、場面緘黙《かんもく》（選択性緘黙）が疑われます。場面緘黙の対応法を考えてみましょう。

事例20

家庭では話すが、学校では話さない子

場面緘黙

場面緘黙症とは、言葉を話したり理解する能力があるにもかかわらず特定の場面で継続的に話ができない障害です。家庭では安心して話しますが、学校では自由に話すことができないケースが一般的です。症状が重篤化すると話すことができないだけでなく、思うように体を動かすことができなくなることもあります（緘動「かんどう」といいます）。緘黙症は幼稚園や小学校低学年の時期に発症することが一般的です。

話せない理由として単に「人見知り」や「恥ずかしがり」と考えられがちですが、「人見知り」や「恥ずかしがり」の場合には、慣れてくると次第に話すことができるようになるのに対して、緘黙症の場合には症状が自然には改善せず、長期に及びます。

場面緘黙症の子どもは周囲にあまり迷惑をかけず、たとえ本人が困っていたとしても学校側が困るということが少ないために放置される傾向にあります。しかし、本人は心の中で大変苦しい思いをしています。

診断基準

DSM−5では「選択性緘黙」という名称で診断基準が記載されています。

・他の状況で話しているにもかかわらず、話すことが期待されている特定の社会的状況（例：学校）において、話すことが一貫してできない
・その障害が、学業上、職業上の成績、または対人的コミュニケーションを妨げている
・その障害の持続期間は、少なくとも1カ月（学校の最初の1ヵ月だけに限定されない）である
・話すことができないことは、その社会的状況で要求されている話し言葉の知識、または話すことに関する楽しさが不足していることによるものではない
・その障害は、コミュニケーション症（例：小児期発症流暢症）ではうまく説明されず、また自閉スペクトラム症、統合失調症、または他の精神性障害の経過中にのみ起こるものではない

ショックな出来事が生じることで話せなくなってしまう「心的外傷性緘黙」、ストレスやショックな出来事によって発声器官がまひしてしまうことで話せなくなってしまう「ヒステリー性失声」、交通事故などにより言語中枢に損傷を受けたために話すことが困難となる「失語症」など、症状が似ているために混同されやすい疾患もあります。

場面緘黙の病因・原因

従来、場面緘黙は保護者の愛情不足や家庭での甘やかしすぎ、過保護、虐待（ネグレクト）など「親の養育態度」や「家族力動性」に原因がある情緒

学校で自由に話さない子

・話さないのではなく話せない
・おとなしいのでなく、ひどく緊張している

障害と見なす考え方が注目を集めていました。しかし最近は、小児期の不安障害で、「自分が話す様子を人から聞かれたり見られたりすることに恐れを感じる」恐怖症の一種と考えるようになってきています。

　不安になりやすい気質という遺伝的要因がベースにあり、感覚を統合する能力や表出性言語能力の障害など発達上の問題、引っ越しや転校などの環境要因などが複合的に関係しているといわれています。

よくある誤解

場面緘黙症の子どもは、自らの意思で話さないのではありません。話せないと表現した方が適切です。また、ただのおとなしい子でもありません。学校でひどく緊張しているために話せないだけで、おとなしく見えるにすぎないとお考えください。

　また、以下のような誤解がしばしば見受けられます。

(1)おとなしいだけで、しばらくすれば、そのうちしゃべるようになる（場面緘黙には早い時期からの支援が必要となります。場面緘黙は大人になれば治ると考えられてきましたが、早い時期から適切に対処しないと、成人後に社会不安障害などに悩まされることがわかってきています）

(2)「しつけ」ができておらず、わがままで話さな

いだけである（「しつけ」ができていないために話さないのではなく、上述したように過度の緊張で話せないのです）

対応法

先生方は何とかして「しゃべらせよう」という気持ちが強くなり、発言するように仕向けてしまいがちです。その結果、場面緘黙の子どもはますます話すことが困難になります。先生方は話させようとするのではなく、まず子どもと仲良くなる姿勢で臨むことが求められます。

まずは子どもと
仲良くなること

・やさしい表情で接する
・一緒に遊んで子どもと楽しむ

具体的対応としては、①「おはよう」「さようなら」の言葉をかける、②やさしい表情で接する、③一緒に課題や遊びをして子どもと楽しむ、④子どもが努力し達成したことを褒める、⑤子どもが話すことがあっても「よく話してくれたね」などと言わず、通常の子どもと同じように接する、などの点に留意してください。

それでもなかなか改善が見られない場合には、保護者とご相談の上で医師や臨床心理士と対応をご検討ください。

薬物治療としてＳＳＲＩ（選択的セロトニン再取り込み阻害薬）、心理療法として刺激フェイディング法や行動療法（系統的脱感作療法やシェイピング法、トークンエコノミー法など）、認知行動療法などが用いられます。

また、遊戯療法や箱庭療法が使われることもあります。

「家庭で虐待を受けている」「インターネットのブログで誹謗《ひぼう》中傷されている」「風俗関係の仕事をさせられている」「ヌード写真を無理やり撮られ、インターネット上で公開されてしまった」。これらの相談は、先生方の力だけでは対処できません。どのような姿勢で臨む必要があるのでしょうか。

事例21

学外機関と連携をはかる必要がある子

学外機関と連携をはかる際の留意点

子どもからの相談に対して、責任感があり熱心な先生ほど1人で頑張ろうとしてしまう傾向があります。しかし、相談内容によっては先生お1人の力では対処しきれないだけでなく、解決までにより長い時間がかかってしまったり、解決が困難になってしまうこともあります。学校として対応しようとしても限界があり、対処が困難であると判断される場合には、学外の専門機関と連絡を取り問題解決をはかるようにしないと、先生方が精神的に追い詰められてしまうことにもなりかねません。

ただし、学外機関との連携をはかるためには、いくつかの点に留意する必要があります。以下に注意点を列挙します。

(1)学外専門機関と連携を取るのは個々の教師ではなく、学内組織である。

「そもそも専門機関と連携する必要があるのか」

相談内容によっては解決には
学外機関との連携も必要になる

得られた情報は、
学内で速やかに伝達する

「連携するとすればどのような専門機関と行うのが適当か」「学校における子どもの状態、学校のこれまでの取り組みなど学校の情報を、どの程度まで伝えるのか」「連携の際、学校側の窓口は誰が行うのか」などといった問題を、当該の子どもと関わってきた教師会議の中で検討し、校長が決定することになります。

⑵学外専門機関から得られた情報は、速やかに伝達できるように学内組織を整備しておく。

学校側窓口となった先生が、担任や学年主任など学内の関係する先生にどのような形で連絡し、今後、学校としてどう対応していくのか学内連携組織のあり方を検討しておく必要があります。

⑶保護者に学外と連携をはかる必要性を説明し了解してもらう。

学校が学外の専門機関と連携を取ろうとすると、保護者は「学校が自分の子どもを見捨ててしまうのではないか」といった危惧を抱くことがあります。どうして学外専門機関と連携する必要があるのかを保護者にご理解いただき、学校が子どもの将来を最優先に考えていることをお伝えください。

主な相談機関との連携

学外機関との相談を円滑にするためには、学校側が教師の代表担当者を選び、相談機関側の窓口担当者と良好な人間関係をつくる必要があります。まず問題となっている子どもに対する学内対策チームを作った上で学校側の教師代表者を通じて学外機関と連絡を取り合い、今後の対応を決定していきます。相談する学外機関は子どもの相談内容により異なってきます。

以下に主な相談機関を紹介します。

(1)警察

子どもが犯罪に関わっている（あるいは多分にその恐れがある）、被害を受けている、健全な育成を阻害されている、早急な保護を要するなどといった場合、警察に相談窓口があります。

全国の警察署には学校警察連絡協議会などの組織があり、少年の非行・被害の防止に取り組んでいます（少年課や少年補導課など名称は警察署で異なります）。必要に応じて被害少年のカウンセリングなども利用できます。インターネット上での誹謗《ひぼう》中傷など多様な相談に応じていますので、警察側の少年担当者と連絡を取り合うようにしてください。

(2)児童相談所

児童相談所は、18歳未満の子どものあらゆる相談に応じています。相談機能以外にも、①放置・虐待されている、保護者が行方不明であるなど緊急保護を必要とする子どもに対して短期的保護を行う一時保護機能、②問題を抱えた子どもが児童養護施設や児童自立支援施設、情緒障害児短期治療施設などの施設に通所（あるいは生活）しながら改善を図る措置機能もあります。

(3)少年鑑別所

少年鑑別所は、主に家庭裁判所から観護措置の決定を受け、送致されてきた少年に対して、立ち直りのためにはどのような働きかけが妥当と考えられるかを資質鑑別（調査・診断）する法務省の施設です。しかし、資質鑑別だけでなく、通常「一般相談」とよばれている一般少年鑑別制度があります。一般相談とは「家庭内暴力」「夜遊びや無断外泊」「シンナーなど薬物の乱用」「いじめ」「暴走族との付き合い」など保護者や学校で対処しきれなくなった非行傾向のある子どもの相談に応じるもので、どのような子どもの相談にも応じてくれます。

いろいろある
学外相談機関

警察・児童相談所・少年鑑別所・
精神科医療機関・適応指導教室

(4) 精神科医療機関

精神科医療機関としては保健所、精神保健福祉センター、児童精神科などがあります。精神障害や発達障害などが疑われる場合、事例によって早期に適切な医療誘導をしないと症状が悪化したり、医療措置を受ける機会を逸してしまうことにもなりかねません。児童精神科の数はまだ少ないのが現状ですので、養護教諭は近隣の信頼のできる児童精神科を探しておくことが求められます。また、医療機関との連携の場合には、とくに保護者の了解を得て行う配慮が大切になってきます。

(5) その他

その他にも適応指導教室や民間のフリースクール、地域関係団体など多様な機関があります。問題が生じたときだけこれらの専門機関と連携するのではなく、日頃から関係を保ち、どのような専門機関なのかを把握しておく必要があります。

学校生活

事例22

カンニングをする子

「友だちがカンニングをしている。自分は真面目に取り組んでいるのに、ずるくないですか」と子どもから言われたら、先生はどうお答えになりますか。カンニングをする子どもや、友だちのカンニングで悩んでいる子どもへの対応を考えてみましょう。

米国のカンニング事情

10年前と比較して、カンニングをする子が増えてきているのではないかという懸念をお持ちの先生方が増えているようです。どの程度の子どもがカンニングをしているのかを本格的に調査した研究は日本にはほとんど見当たりませんので、「カンニングをする子が増えてきている」とする先生方の感覚が実態を反映したものであるかどうかは不明です。

ところで、米国ではカンニングに対して驚くべきデータが出てきています。1999年に356人の教師を対象に行った調査によりますと、教師の約50%が「生徒はほとんどの教科でカンニングなどの不正を行っているのではないか」と考えていました。そこで、成績上位者に選ばれた3000人の生徒に対して不正行為を行ったことがあるかどうかを2000年に調査したところ、80%に及ぶ生徒がテストで不正行為をやったことがあるという結果が得られました。

この子どもたちは次世代を担うリーダーとなることを期待されている子どもたちであり、カンニングをすることなどあり得ないと考えられていた子どもたちです。これらの子どもたちは自分が悪いことをしていると認識していながらも不正行為を行っており、95％の子どもは今までに捕まったことがありませんでした。また、成績上位者の子どもたちですから、自分の能力が低いことを補うために行っているのではないことも明らかです。

さらに調査対象を成績上位者に限らず一般の中学生に拡大し、調査数も2万人に増加させた調査を２００２年に実施したところ、70％に及ぶ生徒が宿題や試験で実際に不正を行ったことがあることが判明しました。

近年、情報機器の普及に伴い、携帯電話を使ったカンニングもみられるようになってきています。子どもに対して有益なメディア利用の促進を図る団体であるコモンセンスメディアが２００９年6月に発表した調査結果によりますと、全米の13～18歳の中高生１０００人とその保護者、計２０１５人を対象にインターネット経由で調査を実施したところ、約35％の子どもがテスト中に携帯電話を使った不正行為を行ったことがあり、周囲もその不正を知っていると回答した割合が6割を超えていたと報告しています。また、8割近くの保護者は不正が広がっていると認識していながらも、大多数の保護者は「うちの子に限っ

情報機器の普及で
携帯電話を使った不正行為も
みられるようになった

ては不正をしていない」と答えていました。

　これら米国のデータが直ちに日本の子どもたちに当てはまるとはいえませんが、「対岸の火事」とはいえない状況になっていると考えられます。

子どもがカンニングをする背景

　カンニングは意図的な行為です。基本的には無意識にカンニングをするということはありません。一般的背景としては、たとえば「スーパーやコンビニなどでの万引きは、大した問題ではない」といったように、社会全体の風潮としてのモラルハザード（倫理観の崩壊）があります。しかし、カンニングをしている子どもの場合、このモラルハザードだけでなく、多様な原因があります。叱る前に、まずどんな気持ちからカンニングをしてしまうのか、その動機を子どもから聴くようにしてください。

　以下に、代表的なカンニングをしてしまう子どもの背景をあげておきます。

①自らの勉強不足を不正行為をしてでも補おうとするため
②進学のためにテストで高得点を取ることが必要なため
③高い得点を取るということが目的ではなく、むしろスリルを求めるため
④友だちが不正を行っているので、自分もしてみようといった安易な気持ちから
⑤保護者が子どもの能力以上の成績を期待する、あるいは良い成績を期待している保護者を喜ばせたいと考える本人の気持ちから
⑥保護者や先生から目を向けてもらいたいという気持ちから

対処法

カンニングへの対処は慎重を要します。まずカンニングをしているかどうかの判断が教師側からは困難です。その上確たる証拠があった場合も、クラス全員の前でその子を叱ってしまいますと

カンニングをしている子と
目が合ったときは叱るのではなく
させないようにすることが大切

「いじめ」の対象となったり、不登校や、極端な場合には自殺の引き金となりかねないからです。

教師の対応としては、カンニングを見つけて処罰をするというのではなく、カンニングをさせない対応を基本にしてください。「机をトントンとたたく」「目が合ったときに軽くうなずく」など「先生は君を見ているよ」という本人だけにわかる合図をしてください。それでもやめない場合には、後で本人を呼び出し、個別指導をするようにしてください。個別指導の際には、先に指摘しましたように、叱るのではなく、まずは本人のカンニングに対する動機を聴くように心がけてください。

子どもの話を傾聴し、気持ちを受容した上でカンニングは「悪いと思っていても我慢できなくなり、ついやってしまうなど常習化しやすいこと」「成功すればするほど、やめられなくなってしまうこと」「一時的に成績が上がっても、長い目で見れば成績は低下すること」を伝え、本人が「カンニングをやめよう、やめなければ逆に損をすることになる」と自覚できるようにしてください。

友だちのカンニングを知ってどう対応したらいいのか悩んでいる子どもに対しても、まずは子どもの話を傾聴してください。「ずるい」「怒りが込み上げてくる」「あの子がカンニングをするなんて信じられない」など、子どもの多様な気持ちを受け止めていただいた上で、カンニングをしている子どもには先生が対応する旨を伝えていただき、今までと同様の友だち関係でいるようにご指導ください。

事例23

先生に反抗的・挑発的な子

先生の指示や注意に反発し（ときには挑発をくり返し）、先生方をいら立たせる子どもはいないでしょうか。先生方の指導を素直に受け入れない子どもは珍しくありません。このような子どもにどう対応したらよいのかを考えてみましょう。

反抗挑発症／反抗挑戦性障害

反抗期に代表されるように、子どもが反抗的態度をとることは、子どもの自律性や内的規範を成長させていく上で必要なものであると考えられています。しかし、発達過程を考慮しても先生方や保護者など周囲の人に著しく反抗的・挑発的な態度をとる子どもがいます。このような子どもの場合は反抗挑発症／反抗挑戦性障害（以下反抗挑戦性障害）であるかもしれません。

国際的に用いられている「精神疾患の診断・統計マニュアル（DSM－5）」では、反抗挑戦性障害の診断基準は以下のようになっています（今回は概要を示すこととします）。

A．次に示す行動が少なくとも6ヵ月間は持続し、少なくとも四つ以上が存在する

怒りっぽく／易怒的な気分

(1) しばしばかんしゃくを起こす

(2)しばしば神経過敏またはイライラさせられやすい
(3)しばしば怒り、腹を立てる
口論好き／挑発的行動
(4)しばしば大人と口論する
(5)要求や規則に積極的に反抗・拒否する
(6)しばしば故意に人をいらだたせる
(7)しばしば自分の失敗を人のせいにする執念深さ
(8)過去6ヵ月間に少なくとも2回、意地悪で執念深かったことがある

B．その行動上の障害は、その人の身近な環境で本人や他者の苦痛と関連しているか、または社会的、職業的、または他の重要な領域における機能に否定的影響を与えている

C．その行動上の障害は、精神病性障害、物質使用障害、抑うつ障害、または双極性障害の経過中にのみ起こるものではない。同様に重篤気分調節症の基準は満たさない

反抗挑戦性障害と診断される子どもの割合は、対象となった被験者や確認の方法により研究間でばらつきがありますが2～16％となっており、決して珍しい症状ではないことを示しています。子どもによっては、診断基準に示した怒りや挑発的行動、執念深さを見知っている身近な大人や友だちには行っても、相談室や病院など見知らぬ場面ではしないこともあります。

素行症／素行障害へ
移行しやすい
・物を盗む
・暴力をふるう
・器物をこわす

反抗挑戦性障害の合併症

反抗挑戦性障害の子どもの４人に１人は数年で症状が目立たなくなります。しかし、素行症／素行障害に移行することがあり、この反抗挑戦性障害から素行症／素行障害への移行をＤＢＤマーチとよんでいます（素行症／素行障害では、反抗的・挑発的態度にとどまらず、物を盗む、人や動物に暴力をふるう、器物を壊すといった他者の権利を侵害する行為を行うようになります）。

また、反抗挑戦性障害は注意欠如・多動性障害（ＡＤＨＤ）と合併しやすいことが知られています。

平成12年に齋藤万比古先生らが行った調査によると、ＡＤＨＤ傾向のある子ども90人（そのほとんどは中学生までの児童生徒です）のなかで、素行症／素行障害を合併している子どもが10％であったのに対して、反抗挑戦性障害の合併はほとんどの子どもに認められることが判明しました。ただし、このことはＡＤＨＤの子どもが反抗挑戦性障害であることを意味していません。

ＡＤＨＤの子どもの場合、保護者や先生はつい子どもに対して口やかましく指示や命令をしがちになり、子どもの気持ちを十分に考えないままルールを強いるようになりがちになります。それに対する子どもの反発が反抗挑戦性障害の症状として現れる、いわゆる二次的障害であると考えられています。

対応法

怒りや挑発的な態度を示す子どもに対して、どう対応すればよいのでしょうか。反抗挑戦性障害の子どもの場合、怒りや挑発的態度を先生方や保護者に向けてきます。その子どもの態度を見て先生方や保護者もイライラさせられてしまい、冷静ではいられなくなってしまいがちです。そこで厳しく指導すると子どもはさらに怒りや挑発的態度を示すようになります。

悪循環に陥らないためには、まず先生方や保護

子どもへの対応

望ましい行動は褒める

本人が「頑張った」と
言えば褒める

気になる言動は
知らないふりをする

自傷行為などはその場で止める

者が「冷静」であることが求められます。子どもが感情的になっているときこそ静かに話すよう求め、子どもが落ち着きを取り戻すまでは相手にするのを控えるようにしてください。

　反抗挑戦性障害の子どもへの対応の原則は、①子どもが望ましい行動をしたときには褒める、②先生や保護者の目からは不十分であっても、「本人が頑張った」と思っている様子であれば、頑張っている姿勢を褒める、③やめさせたい行動・気になる言動があっても子どもを叱らずに、それらの行動をしている間はあえて知らないふりをする、④人を傷つけたり、自傷行為をしたりする場合には、その場で止める、というものです。

　反抗挑戦性障害の子どもは保護者や先生に叱られたり、注意を受けたりし続けていることが多く、自尊心や自己肯定感は低くなりがちです。このような子どもに対して大切なことは「自分を認めてくれる人がいる」という基本的な信頼関係の構築です。

学校生活

事例24

授業中に突然、数分間、眠ってしまう子

授業中あるいは友だちと話している最中に突然、数分間ほど寝てしまう子どもがいます。注意力が散漫で「やる気がない」と見なされることが多いようですが、これは「ナルコレプシー」とよばれる病気かもしれません。対応法を考えてみましょう。

眠気の強さの評定

日常生活で感じる眠気の強さを評価する信頼性の高いテストとして、「エップワース眠気尺度」があります。子どもには、以下の場面で眠ってしまうことがあるかどうか尋ねてください。「まったくない」場合には0点、「たまにある」場合には1点、「よくある」場合には2点、「いつもある」場合には3点として自己評定させます。

(1)座って本を読んでいるとき
(2)テレビを見ているとき
(3)映画館や会議など、人が大勢いる場所で座っているとき
(4)他の人が運転する車に乗せてもらっていて、1時間くらい休憩なしで乗っているとき
(5)午後、横になって休んでいるとき
(6)座って人と話をしているとき
(7)お昼ご飯の後に静かに座っているとき
(8)自転車に乗っていて、踏み切りや信号で数分

間待っているとき

各点数を合計した結果が11点以上の場合、何らかの原因で強い眠気が起こっている可能性があります⑻については、子ども用に修正しています）。

ナルコレプシーの症状

上述した「エップワース眠気尺度」で得点が高くなってしまった原因として、入眠時刻が深夜になってしまうといった生活習慣の乱れであれば、授業中や友だちと話していても眠たくなるのは当然といえます。

起床･入眠など
生活習慣の乱れが原因

しかし、次に示す症状があるようでしたら、強い眠気の原因は生活習慣上の問題には還元できない可能性が高くなります。

(1)日中の突然の居眠り：授業などを受動的に受けている場面だけでなく、食事や電話など能動的に何かをしているときでも過剰な眠気に襲われ、突然「居眠り」を始めてしまう。眠っている時間は2～10分程度で、目覚めた直後は爽快な気分になるが、2～3時間すると再び強い眠気に襲われることが1日に何回もある。

(2)情動脱力発作：笑ったり、興奮したり、怒ったりしたとき、首や腰、頬、顎、まぶたなどの力が急に抜けしてしまう情動脱力発作が起こる。発作の症状は、「まぶたが下がり、目を開けていられなくなる」「顎に力が入らず、少しろれつが回らなくなる」という軽度のものから、「首の力がガクンと抜けて頭が前に垂れ下がる」「体が崩れるように地面に倒れる」といった重度のものまでさまざまである。

この情動脱力発作は、通常は数秒から数分間、起こるが、その後は自然に回復する。脱力発作中でも意識はハッキリしていて、人の話が理解できる状態であり、てんかん発作のような意識喪失はない。

(3)入眠時幻覚、睡眠まひ（金縛り）：寝入りばなに幻覚や夢を見たり、いわゆる金縛りにあったりすることが多く、結果として睡眠がとれない。

(4)夜間熟眠障害：夜中に熟睡できず、しばしば目が覚める。

(5)自動症（自動行動）：眠いのを我慢していると、本人が意識していないにもかかわらず、いつの間にか行動してしまっているということがある。たとえば、いつの間にか知らない駅で下車していたり、気がつくと品物を買っていたことがある。

これらの諸症状があればナルコレプシーの可能性があります。本人や保護者と相談の上で医師の診断を受けるようにご指示ください。通常、睡眠は浅い眠りから次第に睡眠が深まり、熟睡状態となる「ノンレム睡眠」の後、睡眠レベルが浅くなる「レム睡眠」に移行します。このようなレム睡眠とノンレム睡眠で1セットとなった睡眠を、一晩で数回くり返します。

しかし、ナルコレプシーの人の場合には、ノンレム睡眠の状態がほとんどないまま直接レム睡眠に入ってしまいます。このため熟睡することができず、上述した症状が出現するようになります。ナルコレプシーの発症年齢は10代から20代前半に集中し、とくに14～16歳の思春期の頃がピークとなります。

対応法

ナルコレプシーへの対応には、以下に示す三つの支援が求められます。

(1)医療機関の支援：夜間の睡眠を確保し、日中の過度の眠気に対応するために薬物治療が必要となってきます。夜間の睡眠の確保には、睡眠導入薬や睡眠薬、抗精神病薬などが用いられることがあります。

また、日中の激しい眠気や睡眠発作に対して、これまではリタリン（一般名：メチルフェニデート）やベタナミン（一般名：ペモリン）が使われてきましたが、リタリンの乱用が社会的な問題となった2007年春からはモリオダールR錠（一般名：モダフィニル）が使われるようになっています。

規則正しい生活で夜間の睡眠を確保することが必要

(2)本人自身の努力：決まった時間に起床、入眠する規則正しい生活習慣の確立が求められます。さらに昼休み時間や学校からの帰宅後に15～20分程度の昼寝の時間をとり、日中の眠気を防ぐ努力をする必要がありますので、先生方からご指導ください。

(3)周囲の支援：ナルコレプシーは頻繁に居眠りをくり返す行動をしますので、怠け者、やる気がないといった悪い印象を周囲に与えてしまいます。周囲に説明をしても、なかなか理解してもらえないことも多くあります。その結果、いわゆるナルコレプシー型性格といわれている「物事に消極的で、すぐに諦めてしまう自信のない表情」になりやすくなります。

先生方や保護者は、悩んでいる子どもの気持ちを理解し、支援する姿勢を子どもに明示するようにしてください。

事例25

運動が極端に苦手な子

逆上がりができない、かけっこが極端に遅いなど「運動オンチ」と見なされる子どもがいます。靴ひもが結べない、字を枠の中に書けないなどの症状を伴うようですと単なる「運動オンチ」ではなく、発達性協調運動障害の可能性がありま す。この症状や対応法を考えてみましょう。

発達性協調運動症／発達性協調運動障害

発達性協調運動症／発達性協調運動障害（以下発達性協調運動障害）という言葉を初めてお聞きになった先生もいらっしゃるのではないでしょうか。発達性協調運動障害とは、知能や体にはとくに問題がないにもかかわらず運動や手先の器用さが同年齢の子どもと比べて著しく劣る障害です。協調運動とは、たとえば縄跳びで「手で縄を回しながらタイミングよく跳ぶ」というように、いくつかの動作をまとめて一つの新たな動作をすることです。発達性協調運動障害ではこの動作の協調に支障があり、スポーツがうまくできない、作業が遅い、字が書けないといった症状が出現するようになります。

発達性協調運動障害の子どもの場合、幼児期に協調運動に支障が見られることが一般的です。就学前の子どもの様子を保護者に尋ねますと、お座りや寝返りができるようになったのが遅かった、手先が不器用でボタンをはめられなかった、歩行がぎこちなかった、物をうまくつかめなかった、歩くときに自分の足を踏んづけたり、他人によくぶつかったりした、といったような症状を話すことがあります。ただし言語機能にはとくに問題はありません。

　通常、発達性協調運動障害では、粗大運動（全身運動）、微細運動（手先を使った緻密さが要求される運動）、協調運動（組み合わせ運動）のすべてに問題が生じる場合や、特定の運動だけに問題が起こるケースなど症状の出現の仕方は子どもにより多様です。

いくつかの動作をまとめて
新たな動作をすることが苦手、
協調運動に支障がある

　以下では代表的症状を粗大運動、微細運動、協調運動に分けて紹介することにします。

(1)粗大運動：筋力やバランスの調節がうまくできず、自転車（三輪車）、ボール投げ、縄跳び、スキップなどが苦手である。

(2)微細運動：手先が不器用で折り紙が苦手であったり、物差しやコンパス、はさみなどを上手に使えなかったりする（たとえば、物差しの線がゆがむ、コンパスでは机に穴があくほど針を刺してもきれいな円が描けない、はさみで切ろうとしても切れないか、真っすぐ切れずにギザギザになってしまう）。

　また、風船を膨らますことができない、靴を履くときに左右を間違える、箸をうまく使えないなど。

(3)協調運動：運動の協調に問題があり、枠の中に字が書けない、行進では右手・右足がそろってしまう、リコーダーが吹けないなど。

原因と合併症

原因としては、脳の発達過程で問題が生じているのではないかといった考えや、脳のシナプスでの神経伝達物質に異常があるのではないか、あるいは軽微な脳機能の偏倚《へんい》があるのではないかといったことが考えられていますが、まだ十分には解明されていません。しかし、小学生の6％程度が発達性協調運動障害であると推計されており、決して珍しい症状ではありません。

映画「ハリーポッター」で主役を演じているダニエル・ラドクリフは自ら発達性協調運動障害であることを公表しているほどです。男女比は2～4対1と男児に多く出現します。

これまでは、単に「運動オンチ」「不器用」「勉強ができない」というレッテルを貼られ、これらの症状が協調運動障害によるものであると見なされてこなかったと考えたほうがよさそうです。保護者も、子どもが「運動オンチ」という理由で、児童精神科を受診させることはほとんどありませんでした。ただし、発達性協調運動障害の子どもの場合、国語や体育、音楽、図画工作などの教科で、自分がいくら努力しても他の子どもと比べてできないことがわかりますのでコンプレックスを抱きやすく、自尊感情を高めるための教育的配慮が必要となってきます。

また発達性協調運動障害は、広汎性発達障害や学習障害、コミュニケーション障害、注意欠如・多動性障害などと合併するケースが多く見られます。しかし、診断に際しては、原則として最も社会的適応で重大な問題となりやすい領域の障害を最優先しますので、これまでは「発達性協調運動障害」としては診断されてきませんでした。

対応法

上述しましたように発達性協調運動障害の子どもの場合、「運動オンチ」や「不器用」な点をからかわれたり、自信をなくしてしまったりするなど劣等感を持ちやすくなりますので、まず教師は本人のガンバリを評価してあげることが求められます。子どもが小さいうちは、できる限り子どもと一緒に遊ぶことが大切です。遊びという全身を使った活動を行うことにより協調運動が円滑になっていくことがあります。学校での対応には時間的・量的制約がありますので、保護者にも協力を求める必要があります。

親子で一緒に
遊ぶ（全身運動）ようにする

また、感覚統合訓練やリトミック、生活技能訓練が効果を上げているという報告もあります。感覚統合訓練は、基礎感覚のうち前庭覚（重力と動き）、固有感覚（筋肉と関節）、触覚の三つを重視し、「脳が感覚を処理し構成していく」ことを目指す方法です。また、リトミックとは、リズム運動・ソルフェージュ・即興演奏の3部門からなり、体験を基本として音楽に合わせて体を動かす指導法です。

生活技能訓練は「こんなことがうまくできるようになりたい」「こんなときどうすればいいのだろうか」という問題に対して、今までに身につけていなかった技能を実行できるように理論的・系統的に構成されたプログラムです。いずれも子どもが達成感を得られるように子どもの問題行動に合わせてスモールステップで働きかけることが大切になってきます。これらの訓練が可能な相談機関、医療機関は限られていますので、保護者と相談の上で子どもが発達性協調運動障害により自尊感情を高めることができない場合には、これらの機関の利用もご検討ください。

食の問題

先生方の周囲に、通常、食用としては口にしない物を食べてしまうという子どもはいませんか。食べる物の種類によっては命に関わることがあります。なぜ食べ物ではない物を食べてしまうのか、その原因や対応法を検討しておきましょう。

事例26

食用ではない物を食べてしまう子

異食症

乳幼児期の子どもであれば、手に触れるものを口に入れる傾向があります。しかし、児童期や思春期になっても通常は口にしないものを食べてしまう子どもがいます。土や小石、紙、粘土、炭、チョーク、消しゴムといった身近なものから、くぎやたばこ、ガラス、髪の毛など危険を伴うものを食べてしまうこともあります。このように大多数の人が食べ物とは考えていないものを常習的に食べる症状のことを「異食症」といいます。

異食症をラテン語でＰＩＣＡ（ピカ）といいますが、カササギという鳥を意味した言葉です。カササギは何でも口に入れてしまうことから、このように命名されました。

本人も通常とは異なる行動であることは認識していますが、なかなかやめることができません。子どもによっては食べることを控えようとすれば するほど強いストレスに苦しんでしまい、結局は食べてしまうことも珍しくありません。なぜ食べるのか当人にも理由が説明できないことがほとんどです。食べる量も数キログラムと相当な量になってしまうことがあります。

食べるものの種類により、氷をたくさん食べてしまう氷食症、土を食べてしまう土食症、頭髪など体の毛や繊維素材の毛をむしり取って食べてしまう食毛症などといった病名がつけられることもあります。

通常、食用とは考えられないものを食べますので、消化されずに胃炎や胃潰瘍、腸閉塞などの合併症を引き起こすことがあります。また、体の毛や繊維素材を食べ続けると胃石が出来ることがありますが、この胃石の圧迫により胃潰瘍が生じることもあります。

何でも口に入れてしまう
・氷食症
・土食症
・食毛症

異食症の原因・要因

異食症が起こる原因については、まだ十分に解明されているとはいえません。しかし、幾つかの原因・要因が明らかとなってきています。

異食症を引き起こす第一の要因は栄養障害・栄養不良です。とくに鉄分が不足して生じる鉄欠乏性貧血により氷食症が生じることが知られています。若い女性の場合、食生活の乱れや過激なダイエットなどにより鉄分が不足している人が多く、女子中学生・高校生の1割程度が氷食症になっているのではないかと懸念している医師や研究者がいるほどです。

なぜ鉄分が不足することにより氷を食べたく

なってしまうのか、そのメカニズムについてははっきりとしていませんが、鉄分の不足によって神経伝達に異常が起きてしまうためではないかと考えられています。

また、亜鉛の欠乏により味覚障害が起こることがありますが、味覚の混乱により土食症などの異食症が生じるのではないかと考えられています。妊婦にも調理していない生のじゃがいもや生の米などをバリバリ食べしまう時期が一時的にあることは知られていますが、この原因も栄養障害・栄養不良によっているのではないかと考えられています。多くの妊婦の場合、出産後は回復します。

異食症が起こる要因

- 鉄分不足、亜鉛欠乏
- 脳の機能障害
- 寄生虫（とくに鉤虫）
- ストレス

第二の要因は脳腫瘍などによる脳の機能障害です。脳内での神経伝達がうまくいかない結果として異食症が生じると考えられています。

第三の要因は寄生虫、とくに鉤虫《こうちゅう》による感染です。野菜に付着した鉤虫の卵を食べますと、小腸に寄生して体長5ミリ程度にまで成長します。鋭い牙で小腸に食らいつき、血を吸収するため貧血が生じるようになり、上述した鉄欠乏性貧血と似た状態になってしまいます。また鉤虫による感染の場合、腹痛などの胃腸障害が生じることもあります。日本では寄生虫への対策が進んでいるため、それほど心配する必要はありません。しかし、「寄生虫への感染対策が十分でない外国を旅行した」「海外から輸入された有機野菜を十分に洗浄しないで食べている」「海外から輸入した爬虫《はちゅう》類を飼育している」といった場合には、注意が必要となります。

第四の要因は極度の精神的ストレスです。ストレスにより異食症が起こるメカニズムについてもまだ十分な解明はされていません。しかし、ストレスにより神経伝達物質であるセロトニンの活動が阻害され、感情や欲求の抑制が利かなくなるため異食が起こるのではないかといった仮説などが論議されています。

また、精神遅滞や精神疾患が影響していると考えられるケースもあります。

対応法

体に危険なものを食べてしまうことがある子どもの場合、くぎ、たばこ、ガラス、洗剤、消毒液、薬品といった口に入れてしまうと危険なものは、本人の手の届かない所に片付けるように保護者に注意を促してください。また健康が心配されるケースでは、まず病院を受診するようにご指導ください。診察は小児科や内科になります。ただし、貧血や食生活の乱れ、ダイエットなどにより鉄分の不足で氷食症になっていると考えられるケースでは血液内科や心療内科もご検討ください。氷食症の場合、鉄剤の内服や静脈注射により鉄分を補給する治療が一般的です。通常は2～3カ月程度で症状が緩和してきます。鉤虫が原因の場合には、虫下しによる治療が行われます。先生方からは、保護者に対して「輸入ものの生野菜はよく洗って食べる」「爬虫類を飼育している場合、子どもの爬虫類との接触の仕方を配慮する」など衛生面での注意を喚起するようにしてください。

医療機関で検査をしても問題が見いだされないにもかかわらず異食症が続く場合には、子どもがストレスを抱えていることも考えられます。先生方は、ストレスを抱えていると思われる子どもに対しては話を傾聴するとともに、子どもに温かく接するよう保護者にご指導ください。とくに子どもの年齢が小さい場合にはスキンシップを行うと精神的に落ち着き、異食症が改善されることがあります。

食の問題

事例27

健康食品に頼る子

「肌がきれいになる」「ダイエットに効果がある」「身長が伸びる」と思い込んで、健康食品やサプリメントを毎日のように飲んでいる子どもがいます。このように健康食品に頼っている子どもに対して、どう指導したらいいのかを検討してみましょう。

健康食品と子どもたちの実態

健康食品やサプリメント（以下、健康食品）とよばれている食品が普及し、これら健康食品を利用したことのある大人が日本では8割を超えるまでになっているといわれています。健康食品の利用がすでに一般的になっているアメリカでは、およそ30～50％程度の子どもが健康食品を利用していると推測されています。

日本の子どもが健康食品を利用している割合はアメリカの子どもと比べて高いとはいえませんが、それでも子どもの間で急速に広まってきています。たとえば国立健康・栄養研究所が2009年7月に実施した調査によりますと、幼稚園や保育所に通わせている保護者の15％が子どもに健康食品を与えていました。子どもに健康食品を与えていた保護者の68％は「ビタミンやミネラルを与えている」と回答し、残りの32％の保護者はビタミンやミネラルだけでなく、脳の発達によいと宣伝されているドコサヘキサエン酸（ＤＨＡ）を含んだ栄養食品や、プロテイン、キシリトール、ハーブなどを与えていました。

子どもに栄養食品を与える目的としては「栄養補給」が最も多く、「健康増進」「病気予防」「体質改善」などの回答が続いていました。子どもにも栄養食品が普及しているのではないかという懸念は、最近、「子ども用」の健康食品が次々と販売されるようになっている実態や、「子どもにも利用可能」と表示している健康食品が多数見受けられるようになっていることからも裏付けられます。試しにインターネットで「健康食品　子ども用」と入力して検索してみてください。多数のサイトで「子ども用」の健康食品が売られていることが確認できるはずです。

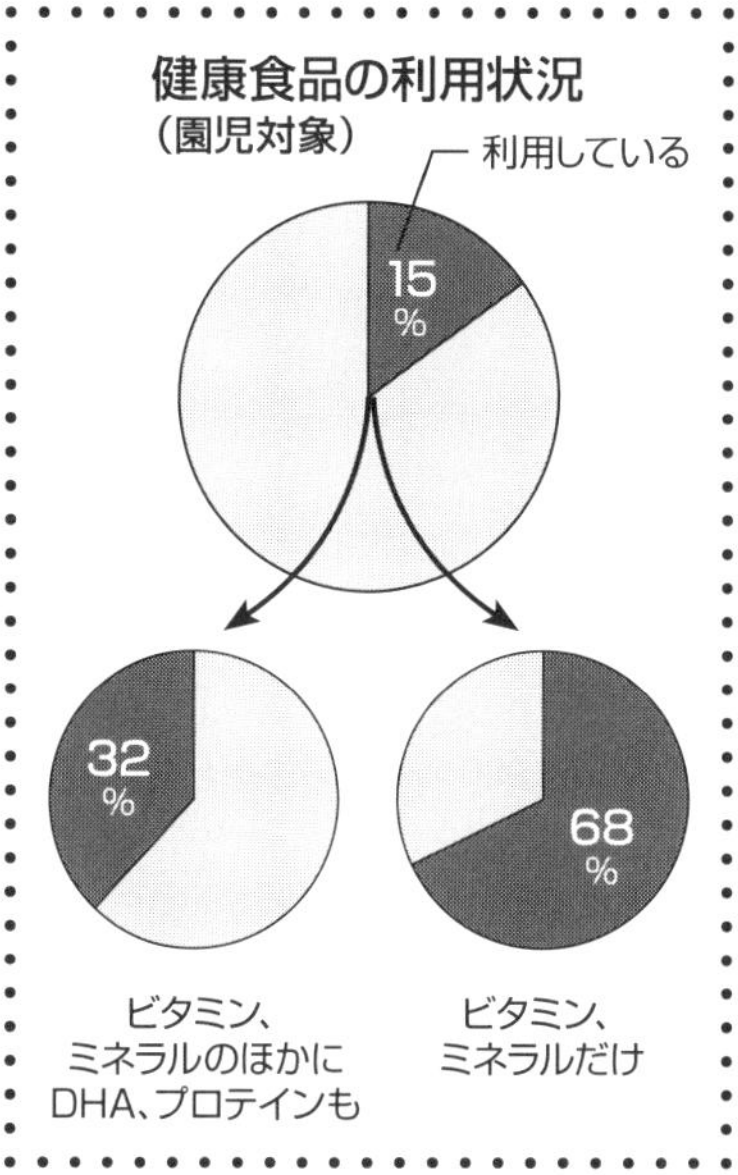

健康食品の基準

これらの健康食品を子どもに与える必要があるのか、安全なのか、さらに「ダイエットに効果がある」など効能を証明する科学的な根拠が栄養食品にあるのかを十分に確かめないで健康食品をとっている子どもが少なくありません。結論を先にいえば、健康食品の中には安全性や効能を確認できないものが多数含まれています。それは、健康食品のほとんどが、厚生労働省が基準を定めた特定保健用食品や栄養機能食品ではないからです。

特定保健用食品とは、体の生理学的機能などに影響を与える成分を含んでいて、血圧、血中のコレステロールなどを正常に保つことを助けるなど特定の保健の効果が科学的に証明されている（国に科学的根拠を示して有効性や安全性の審査を受けている）食品です。「トクホ」のマークがつけられています。

栄養機能食品は、ビタミンやミネラルについて、国が定めた基準の栄養素を一定量含んだ食品です。特定保健用食品と違い、個別に厚生労働省の許可を受けている食品ではありませんので、直接的な効果は保証されていません。しかし、含まれている栄養素について厚生労働省が認めている機能を表示することができます。また、1日の摂取目安量や注意事項を表示しなければならないことになっています。これら特定保健用食品と栄養機能食品を合わせて健康機能食品とよんでいます。健康機能食品以外の健康食品は、分類上、野菜や果物と同じ一般食品と見なされ、表示は栄養成分だけで機能・効能などは表示できません。

健康食品に頼る子どもへの対応

毎日、3食の食事と適量のおやつをバランスよく食べている子どもであれば、栄養は充足しています。健康食品はとくに必要ありません。むしろ効果を期待して過剰に摂取してしまい、副作用が出る危険性を子どもに周知してください。また十分な食事をとらず、健康食品に頼ってしまう子どももいますので、健全な食生活を送る上で障害になってしまうこともあります。健康食品に頼る子どもに対しては、次のことを考えさせてください。

(1)「栄養食品やサプリメントが本当に必要か？」：必要量が不足しているのではないかと不安を感じている子どもには、食べたものを聞き取り、必要量を満たしているかどうか養護教諭が子どもと一緒に確認するようにしてください。厚生労働省が発表した「日本人の食事摂取基準2015年版」等を参考にして、子どもの総エネルギーやたんぱく質、ビタミンA、B_1、B_2、C、カルシウム、鉄、食塩などが本当に不足しているかをご判断ください。

(2)「栄養食品やサプリメントの情報が本当に正

しいか？」：科学的に確立した根拠があるのかどうかを健康食品の説明書やホームページでチェックし、「体験談」や「専門家の推薦」を安易に信用しないようにご指導ください。

(3)「表示がされているか？」：機能や食品成分が確認されている特定保健用食品や栄養機能食品であるかどうかを確認、さらに製造者や販売者、栄養成分、原材料、適切な利用方法、お客さま相談室などの連絡先が明記されているかどうかチェックさせてください。

健康食品を利用するときは
特定保健用食品
栄養機能食品
の表示があるものを

先生方が上述した指導をしても健康食品に頼りたがる子どもがいます。その場合には、子どもが健康食品に対して間違った考え方をしていても、まずは子どもの話を傾聴してください。健康食品に頼りたがる子どもの内面を理解することが大切です。子どもは自分の悩みをわかってくれたと感じたとき、先生方の話を素直に聞くようになります。その上で、ほとんどの栄養食品は有効性についてのデータが乏しく、過剰に摂取すると有害な作用が出る恐れがあることをお伝えください。それでも子どもによっては「効果があった」と言い張ることがあります。ただし、そのほとんどはプラシーボ効果です。

プラシーボ効果とは、「この健康食品は効果がある」と思って摂取すると、実際には効果がないにもかかわらず一時的に効果が表れることをいいます。最初は効果があったように感じても、ほとんどの場合、持続しません。先生方から子どもに説明するようにしてください。

第5章

生活習慣・態度

事例28

言葉遣いが乱暴な子

子どもが「ばか」「死ね」など乱暴な言葉を使っているのを聞いたとき、先生の中には驚くとともに、どう指導すればいいのか困惑してしまう場合がありませんか。子どもが「乱暴な言葉」や「汚い言葉」を使う場合、その原因や発達段階を考慮した上で指導を考えることが求められます。

乱暴な言葉を使う原因・要因

子どもが「乱暴な言葉」「汚い言葉」を使う原因・要因として、主なものだけでも以下に示す五つが考えられます。子どもによっては、これらの原因・要因が重複することもあります。通常の様子を観察した上で気にかかる子どもに対しては話を傾聴し、「乱暴な言葉」の背景を探ってください。

①大人や周囲の人の反応が面白い、興味を引きたい場合
②自分の気持ちをうまく伝えられない場合
③その子どもが生活の中でよく聞く言葉である場合
④愛情が満たされておらず、自分に目を向けてもらうための手段である場合
⑤思春期（第二次反抗期）に端を発している場合

①周囲の人の興味を引きたい場合

「大人や周囲の人の反応が面白い、興味を引き

たい場合」とは、「バカヤロー」「ウンチ」「オシッコ」「オチンチン」などの言葉をあえて使用し、先生が困惑するのを見て喜んだり、周囲の人の気を引こうとするものです。健常な発達をしている子どもの場合、「乱暴な言葉」や「汚い言葉」は、就学前から児童期にかけての成長過程で一般に見られる現象です。一過性で、通常、飽きるとやめますので、とくに叱ったり禁止したりする必要はありません。先生方は「子どもが先生との関わりを求めるサインである」と軽く受け流して子どもに言わせるようにしてください。子どもは先生が反応してくれなくなると、自然と乱暴な言葉を使わなくなっていきます。

「隗《かい》より始めよ」で、まず大人が乱暴な言葉遣いをやめる

　子どもは、言葉の意味の善しあしを十分に理解しないまま、テレビで聞いた言葉や、憧れを感じている上級生が使っている新しい言葉が新鮮で魅力的であると感じると、その言葉を使うようになることもあります。言葉の善しあしは、相手が示す不快な表情などにより次第に理解されるようになっていきます。

　これら乱暴な言葉は先生や周囲の大人に向けられるだけでなく、子どもの間のやり取りにも用いられ、子どもにとって豊かな人間関係を築く手段の一つになっていきます。そのため、悪い言葉を覚えるようになるということは、その子どもの仲間関係が成長・発達している証拠であるとお考えください。

②気持ちをうまく伝えられない場合

友だち同士で玩具の取り合いになったり、子どもに何かを説明をさせようとすると、「ばか」「大嫌い」「あかんべい」などの乱暴な言葉を連発することがあります。これは子どもが自分の考えや気持ちを説明したいにもかかわらず言葉でうまく言うことができないときに出現します。

このような場合には、頭ごなしに叱るのではなく、「○○くんはこう言いたいんだよね」「××ちゃんはこうしたいんだよね」と子どもの気持ちを先生が代弁した上で「先生はそんな言葉、好きじゃないよ」と言うようにしてください。子どもは徐々に説明の仕方を学習するようになります。

③生活の中でよく聞く言葉である場合

保護者や先生が乱暴な言葉遣いをしていると、子どもの言葉は乱暴になります。好奇心が旺盛な子どもは、父親や母親の普段何気なく使う乱暴な言葉や、夫婦間での会話、先生方のまねを無意識のうちにしています。

子どもの乱暴な言葉が保護者に端を発していると考えられる場合には、先生方から保護者に事情を説明し、少なくとも子どもの前では乱暴な言葉に配慮するよう保護者にご理解を得るようにしてください。

④自分に目を向けてもらうための手段である場合

先生や保護者が「自分に目を向けてくれない」と不安に感じている場合にも、子どもはあえて乱暴で非難をするような言葉を発するようになります。このようなケースでは乱暴な言葉だけでなく、子どもに身体的症状（腹痛、頭痛、頻尿、動悸など）や心理的症状（不眠、集中力の欠如、落ち着きの欠如など）が現れることもあります。

保護者や担任の子どもに対する愛情不足が懸念される場合には、「子どもの話に耳を傾ける」「子どもを抱き締めるようにする」などの具体的行動目標を設定し、それを実行するように保護者

子どもがおもしろがって
言う場合は、
大人が軽く受け流す

自分の気持ちをうまく言えない
場合は、「こうしたいんだね」と
代弁してあげる

自分をかまってほしくて
言う場合は、
抱き締めて子どもの話をよく聞く

反抗期が要因で言う場合は、
「先生は悲しいよ!」と
I（アイ）メッセージで注意する

や担任をご指導ください。

⑤第二次反抗期が要因である場合

反抗期に差し掛かる小学校高学年になってきますと、きちんとした言葉遣いができるにもかかわらず友だち同士でわざと乱暴な言葉を用いるようになっていきます。このような言葉遣いになる背景には、子どもが自我を確立し、自立しようとする思春期の微妙な心理状態があります。この時期、子どもの言葉遣いの悪さを叱ってしまいますと、子どもはますます反発するのが一般的です。

反発する子どもに対しては「I（アイ）メッセージ」とよばれる方法を使うようにご配慮ください。「I（アイ）メッセージ」とは、「そんな言い方を、先生（わたし）は悲しいよ」「先生（わたし）は心配だよ」といったように、「私」を主語にして自分がどう感じているかを相手に伝えるコミュニケーションの方法です。先生方の気持ちが、非難がましくなく子どもに伝わるようになります。

生活習慣・態度

事例 29

プチ家出をする子

「プチ家出」とは、比較的短期間（数日から10日程度）外泊を続け、自宅に戻らないことをいいます。子どもがプチ家出をする背景と要因、また対応法を考えてみましょう。

プチ家出の問題点

インターネット上で「プチ家出掲示板」といったサイトをご覧になったことがある先生はいらっしゃるでしょうか。もしご覧になった経験がないようでしたら、インターネットで検索してみてください。内容を見て、ショックを受けられるかもしれません。

プチ家出をしている子どもの中には、友だちの家を泊まり歩いている間に、もうこれ以上、友だちの家に泊めてもらうことができなくなり、「プチ家出掲示板」に自ら書き込みをして見知らぬ人の家に泊まってしまうケースもあるようです。

「プチ家出」という用語は、著述家の今一生（こん　いっしょう）が執筆した『完全家出マニュアル』（1999年 角川書店）という本の中で用いた造語が広まり、一般に使用されるようになりました。

子どもたちのプチ家出は、携帯電話の普及とともに広まった現象であると考えられています。たとえ保護者から了解が得られなくても、携帯電話で「今日、友だちの家に泊まることになったから」と1本電話連絡することで、子どもたちの中には「保護者に連絡した」「保護者の了解を得た」といった認識が芽生えるようです。保護者の視点からは、好ましくないとは思っていても、必要なときには携帯電話で連絡を取ることができるという安心感があるためか、家出というよりも「保護者の気持ちを無視した友だちの家でのお泊まり」と考えることが多いようです。

インターネットで検索してみると、
「プチ家出掲示板」がある!?

子どもと保護者との間で連絡が取れるという意味では通常の家出とは違いますが、何日も外泊を続けて家に戻らないという点では家出と同様のものです。

子どもや保護者にプチ家出が重大な問題であるという認識が低い場合、プチ家出はくり返されることが多くなり、エスカレートして本格的な家出となったり、非行や犯罪行為に走ったりする（あるいは巻き込まれる）ケースも多く報告されています。

そして何よりも、プチ家出は子どもの基本的生活習慣を乱れさせ、怠学や無気力など子どもを取り巻く諸問題を引き起こしかねないことになります。

プチ家出が子どもに見られるようになったということは、子どもがさまざまな反社会的・非社会的行動を行うようになるサインであるとも考えられます。

プチ家出の背景と代表的タイプ

プチ家出には、いくつかの代表的タイプがあります。

①**場面逃避型**：家庭での両親の不和、保護者の過干渉、学校での「いじめ」など、嫌な場面から逃れようとするタイプ

②**自立欲求型**：「保護者から自立して1人暮らしをしたい」といったように、保護者から独立して自分の可能性を試してみようとするタイプ

③**なんとなく型**：「友だちの家で遊んでいて帰りそびれてしまい、そのまま泊まってしまう」といったように、とくに明確な目的がないままプチ家出をくり返してしまうタイプ

④**手段型**：「バイクを買わないと家出をする」といったように、自分の希望・目的を達成するための手段として家出するタイプ

⑤**追っかけ型**：芸能人など特定の人物に憧れ、「追っかけ」をするために外泊をくり返してしまうタイプ

⑥**同棲型**：交際相手と一緒に過ごしたいために外泊をくり返すタイプ

⑦**遊び型**：夜遊びをくり返して外泊するタイプ

このようにタイプを例示すると、それぞれのタイプに応じた対応法を考えたくなります。しかし、プチ家出の問題はそれほど単純ではありません。たとえば、芸能人を追いかけ、自宅に帰ろうとしない「追っかけ型」のプチ家出の場合でも、なんの背景・理由もなく、ある日突然、「追っかけ型」のプチ家出をするようになったというわけではありません。そこまでに至るプロセスがあります。

子どもがプチ家出をする背景には、広い意味での家庭の「居心地の悪さ」（家庭の機能不全）があるといわれています。精神的にリラックスでき、自分の居場所であると思える家庭環境があれば、学校や友だちとの間で嫌なことがあっても家に戻って精神的に安定しようとします。

しかし、家庭に精神的な居場所がないと感じられたとき、ちょっとした「きっかけ」でプチ家出が始まります。

対応法

プチ家出をしていた子どもが、家庭や先生方に連絡してきたり、自宅に戻ったとき、つい感情的になって叱ってしまいがちになります（保護者によっては、怒鳴ってしまうことも珍しくありません）。しかし、まず先生方はどれほど心配していたのかを伝えていただき、じっくりと子どもの気持ちを聞くように心がけてください。また保護者に対しても同様の対応をするようにご指導ください。注意するのはそれからでも十分に間に合います。

家庭が精神的な居場所になるよう子どもとしっかり愛情をもってコミュニケーションをとることが大切

プチ家出の場合、プチ家出の「きっかけ」となった出来事につい目がいってしまいがちですが、上述したように「精神的にリラックスでき、自分の居場所であると思える家庭環境」の欠如が背景にあります。

プチ家出の解決には、子どもとしっかりと愛情をもってコミュニケーションをとり、家庭が心の居場所となる必要があることを保護者に説明してください。ただし、子どもがプチ家出をくり返しているケースでは、家庭がさまざまな問題を抱えていることも少なくありません。このような場合、先生方は、子どもへの対処と同時に、保護者の悩みにも耳を傾けるようにすることが求められます。

生活習慣・態度

事例30

薬物乱用・中毒・依存の子

薬物汚染が社会に広まってきています。インターネットなどの普及により薬物の情報や入手が容易になったことで、薬物乱用・中毒・依存は子どもにとっても深刻な問題です。薬物依存のメカニズム、対処法を検討しましょう。

薬物乱用、中毒、依存の違い

薬物乱用とは、法律で使うことが禁止されている薬物を摂取したり、本来の目的以外の目的で摂取したりすることです。薬物中毒とは毒物（薬物）が体に入った状態を指します。薬物を一度に大量摂取してしまうと、急性中毒症状による意識不明や昏睡《こんすい》状態など生命の危機に直面することもあります。

薬物依存とは、薬物乱用をくり返していくうちに摂取をやめようと思ってもやめられなくなった状態です。薬物の使用を中止しようとしても不安やイライラが募るいわゆる禁断症状が生じたり、幻覚や幻視、妄想などの精神症状が現れたりすることもあります。

薬物依存になるメカニズム

薬物依存症は、結論として「脳の病」です。依存性薬物をくり返し摂取しますと、その薬物を再び摂取したいという欲求が増大していきます（「薬物の強化作用」といいます）。この薬物の強化作用がどのようなメカニズムで生じるのかについて、覚醒剤を例にして説明しましょう。

覚醒剤の摂取により、大脳の旧皮質にある側坐核から快感・陶酔感を引き起こす神経伝達物質であるドーパミンが放出されます。ドーパミンにより快感・陶酔感が頻繁に生じるようになると、脳の神経細胞では新しい遺伝子が作動しはじめ、さまざまなたんぱく質が作られるようになります。

「痩せられる」
「気分が爽快になる」は全くウソ。
危険物以外の何物でもない!

その結果、神経そのものが作り変えられ、快感や陶酔感を生じさせる神経回路が出来てしまい、自ら薬をやめることができなくなってしまうのです。また、何としても依存薬物を手に入れようとする「探索行動」も出現するようになります。

以前は、薬物依存の場合、ドーパミンによる快感が原因となり、薬物をやめられなくなると考えられていましたが、現在、薬物によって作用の仕方は異なることがわかってきています。ただし、薬物依存では快感や陶酔感により脳の神経それ自体が作り変えられていく点では共通であると考えられています。

一方、生体は、いったん強い快感や陶酔感が生じてしまうと、体に危険性が迫った際の感知が遅れてしまうことになりかねませんので、強い快感・陶酔感を引き起こすことを抑制しようとする反応が起こるようになります。

この抑制反応により、今までの依存薬物量では快感を味わうことができなくなってしまい、生体はさらに依存薬物の使用量を増やして快感を得ようとしてしまいます。

脳の神経回路が作り直されると、この快感や陶酔感は脳に記憶されてしまい、完治することがない病気となります。たとえ長期にわたって薬をやめることができても、少量でも薬を摂取してしまうと薬物依存に戻ってしまうのはこのためです。再発の可能性が極めて高く、一生、薬物依存と闘っていくことになります。

対応法

薬物を乱用するようになったきっかけは、好奇心や仲間からの誘いによるものが多いようです。「痩せられる」「勉強していても疲れない」「気分が爽快になる」などと言われ、危険な薬物であることを知らずに使用して薬物依存となる場合も少なくありません。子どもの中には市販のかぜ薬やせき止めを使う子どももいます。かつて薬物依存は非行少年に見られた問題でしたが、現在はどの少年に生じても不思議ではない状況になっているのです。

薬物依存の場合、対応が困難となるケースがほとんどです。それは子どもが自分は病気であるとは思っていないからです。ちょっとした好奇心でやっただけなので、自分の意志ですぐやめられると思っています。家族や先生方の中にもそう考えて対応しようとする方がいますが、上述したように薬物依存は脳の機能を変質させてしまう病気なので、対応が遅れれば、それだけ脳のダメージは大きくなってしまいます。

また、家族や先生方は、依存症者の目前の問題を解決しようとして尻拭いに追われ、必死になって助けようとします。しかし世話を焼きすぎることで、結果として病気を進行させてしまうことが少なくありません。たとえば、友だちから金品を奪うことで薬を買っていた子どもの場合、保護者が返済をし続けますと、薬物の使用は続いてしまいます。このように薬物使用をなんとかやめさせようとしながら、結果的には依存症者の薬物使用を促してしまう行動を「イネイブリング行動」といいます。

それでは薬物依存に対してはどう対応すればいいのでしょうか。最初に行う必要があることは、本人の同意のもとで速やかに薬物問題を扱う地域の機関（医療機関や精神保健福祉センター、保健所、リハビリテーション施設など）と連携をとることです。まずこれらの機関とご相談ください。ただし、病院では妄想や幻覚などへの対症療法や解毒療法が中心です。病院の治療は、症状は抑えられても本当の治療にはなりません。本当の治療は、「本人がこのままでは自分がだめになってしまう」と心から思うことから始まります。自分では薬物をコントロールできず、深い絶望感を味わったとき（これを「底つき」といいます）が治療のスタートになります。その際、家族や先生の支援が必要となります。

その後、薬物依存の体験を分かち合うグループに入り、仲間と体験談を共有して試行錯誤をくり返しながら立ち直っていくのが一般的です。いったん薬物依存になると、この試行錯誤は一生続きます。

先生方は子どもに薬物依存になるメカニズムを説明していただき、薬物依存の危険性を周知してください。また、子どものなかには友だちから薬を勧められたとき、友情を壊すのが怖くて断れない子どもがいますが、断る勇気を持つようにご指導ください。

依存症は「脳の病」で薬物をくり返すと欲求が増大してしまう

「鍵をかけ忘れたのではないかと不安になり、何度も確認してしまう」という人は少なくありません。しかし、一度鍵をかけたことを確認しても、再び気になって何度も自宅に戻ってしまうようですと強迫性障害が疑われます。どう対応すればいいのでしょう。

事例31

鍵をかけ忘れていないか何度も確認する子

強迫症／強迫性障害の症状

強迫症／強迫性障害（以下強迫性障害）という言葉を聞いたことがある先生方も多いと思います。英語の頭文字をとってＯＣＤといわれることもあります。

強迫性障害には「強迫観念」と「強迫行為（儀式的行為）」の二つの症状があります。「強迫観念」とは、自分でもばかばかしい、理屈に合わないとわかっていても特定の考えやイメージ、思い出、衝動などが、抑えようとしても抑えられずにくり返し起こってくることです。

「自分の体が便や尿、ばい菌などに汚染されているのではないか」「間違って家族や友だちにけがをさせてしまうのではないか」「何度も頭の中でくり返し音楽が鳴ったり、単語や数字、イメージが出てきたりしてしまい、それを消し去ることができない」「ある物の位置が少しでも曲がっていると気になってしかたがない」といったように、ある観念が頭の中に思い浮かぶと、その観念にいつまでもとらわれてしまいます。

強迫行為とは、たとえば手を洗ったり、物事を確かめたりするなど特定の行為をくり返し行うものです。自分では必要ないとわかっているのですが、やめようとしてもくり返してしまいます。本人は強迫行為に苦痛を感じながらも強迫行為をすることで強迫観念による不安が和らぐため、なかなかやめることができません。

子どもによっては数時間にわたって強迫行為を続けたり、強迫性障害が生じる場所や状況を避けようとして家に閉じこもってしまったりするなど、日常生活に支障をきたすようになります。「手が汚れているのではないかと心配になり、何度も手を洗ってしまう」「入浴の際、洗髪を何十回も行ってしまう」といった強迫行為が出現します。

自分で確認するだけでは安心できず、母親などに何度も確認してしまい、他者を巻き込んでしまうこともあります（これを「巻き込み」といいます）。

強迫観念
ある物の位置が少しでも
曲がっていると気になる
ゴシ
ゴシ
強迫行為
手を何度も何度も洗ったりする

強迫性障害の原因

強迫性障害は人口の2～3％に見られ、決して珍しい症状ではありません。また男女の発生比率もほぼ同じです。

発症する原因についてはまだ解明されているとはいえません。しかし、近年、脳内の神経伝達物質であるセロトニンが十分に機能せず情報伝達に乱れが生じるためであるとする考え方が有力になってきています。

人間は、本来、自らの生存が脅かされないようにするために「汚れを避ける」「安全確認をする」などの防衛反応を行っています。通常、この防衛反応は「多少汚いものを触っても洗えば問題はない」「一度、鍵をかけたことが確認できれば安心だ」といったように状況を勘案することで過剰な防衛反応が生じないようにしています。しかし、情報伝達が円滑に行われないことにより、防衛反応のコントロールが困難となった結果、強迫観念や強迫行為が起こると考えられています。

対応法

強迫性障害は治療につなげることが大切になります。1980年以降の治療法の発展により、強迫性障害は治療困難な障害から治療可能な障害へと変わってきています。治療を受けることにより2~3割の人は顕著に改善し、全体としても8割以上の人が通常の生活が行えるまでに改善するようになります。

治療法としては、薬物療法と心理療法が一般的です。薬物療法としては、三環系抗うつ薬であるクロミプラミン（商品名としてはアナフラニール）、SSRI（選択的セロトニン再取り込み阻害薬）であるフルボキサミン（ルボックスやデプロメール）、パラオキセチン（パキシル）などが用いられることが多いようです。これらの薬は、上述しましたように神経伝達物質であるセロトニンの活動を維持・促進できるようにするための薬です。

また、心理療法としては暴露反応妨害法とよばれる行動療法が有効であることが確認されています。暴露反応妨害法では、強迫観念や強迫行為が起こりやすい状況にあえて直面させ、強迫行為を行わないように指示する方法です。本人は強迫行為をしないように努力することにより、不快感や不安が次第に低下していくようになります。先生方が強迫性障害に関して相談を受けましたら、暴露反応妨害法を実施している医療機関を探すようにしてください。

強迫性障害の対応で問題となるのは、大多数の子どもが医療機関になかなか行こうとしないことです。ほとんどの子どもは、最初のうち症状を隠そうとします。

また、強迫性障害の症状が顕在化してきても「強迫観念や強迫行為は本人の性格・性質だからしかたがない」といった誤った考え方を子ども自身や保護者がしてしまうため、医療機関を訪れようとしないことがあります。まず先生方はこの障害についての正しい理解を深め、本人が医療機関へ行くようにご指導ください。

また、保護者の中には不適切な養育により子どもが強迫性障害になってしまったのではないかと罪悪感を持つ人がいます。そのような保護者には、そう考える合理的証拠がないことをご説明ください。

先生方からは担任や保護者に、以下の二点をとくに留意するようにお伝えください。

(1)たとえ子どもが強迫行為をしても、大声を上げて叱ったり、圧力をかけたりしない。たとえ叱っても強迫行為が改善されることはほとんどありません。

(2)先回りをして、子どもが強迫行為をしないように特別に条件を整えたり、過度の配慮はしないようにする。このような特別配慮（「おせっかい」）は子どもの回復を遅らせてしまう要因となります。

薬物療法
セロトニンの働きを維持
・促進させる薬を飲む
心理療法
あえて直面させ、
強迫行為をしないように指示する

第5章

生活習慣・態度

事例 32

昼夜逆転など睡眠が乱れている子

「夜、寝ようとしてもなかなか寝つけず、夜更かしをしてしまう」「朝、なかなか起きられず、寝起きが悪い」という子どもがいます。これらの症状は、睡眠リズムに問題がある可能性があります。背景や対応法を検討してみましょう。

概日リズム睡眠-覚醒障害群

概日リズム睡眠-覚醒障害群という言葉をお聞きになったことがありますか。概日リズム（サーカディアンリズム）の「サーカディアン」とはラテン語の「約、概ね」を意味するサーカと「日」を意味するディアンに由来し、約1日の周期でくり返す生理的・行動的機能のリズムのことを指します。

人には体内時計があり、約1日周期のリズム（概日リズム）を保っています。しかし、深夜までテレビを見る・ゲームをするなど何らかの原因で約1日周期の身体リズムが崩れ、昼夜のサイクルと体内時計のリズムが合わなくなると、学校へ行くべき時間に眠たくなり「学校へ行けなくなってしまう」といったように、社会的に要求される活動を行うことが困難となってくることがあります。

このように昼夜のサイクルと体内時計とがかみ合わず、「夜、寝たいのに眠くならない」「昼間、勉強しなくてはいけない時間に強い眠気におそわれる」「集中力が著しく低下してしまう」といった症状が生じ、長期にわたって社会生活に支障をきたすようになると、概日リズム睡眠―覚醒障害群とよばれるようになります。

概日リズム睡眠―覚醒障害群の種類

概日リズム睡眠―覚醒障害群には、「時差症候群」「交替勤務睡眠障害」「不規則睡眠覚醒パターン」「睡眠相後退症候群」「睡眠相前進症候群」「非24時間睡眠覚醒症候群」などがあります。

生活習慣の乱れから、昼夜のサイクルと体内時計のリズムが合わなくなる

「時差症候群」とは、時差のある地域を飛行機などにより短時間で移動した後に出現するいわゆる「時差ぼけ」です。「交替勤務睡眠障害」とは、夜勤と日勤といった交替勤務をくり返すことで生じます。「不規則睡眠覚醒パターン」とは、脳梗塞の場合などに見られる症状で、睡眠と覚醒の出現が昼夜を問わず不規則になります。

以上の症状は子どもたちにはあまり出現しませんが、睡眠相後退症候群、睡眠相前進症候群、非24時間睡眠覚醒症候群は子どもにしばしば見られる症状です。

睡眠相後退症候群とは、夜間に睡眠がとれず、朝方（午前3時から7時ごろ）になって眠りにつき、昼過ぎ（正午12時から午後3時ごろ）まで寝ている状態を指します。子どもは決して怠けているわけではありません。何とかして朝、起きるために目覚まし時計をいくつもセットしたり、家族に起こしてもらったりして起きようとしますが、なかなか起床できません。また無理やり起こされても午前中はひどい眠気や集中力の低下におそわれてしまいます。しかし、午後になると、これらの症状が消えてしまうため「怠け者」「仮病」と見なされてしまうこともあります。

睡眠相前進症候群とは、夜まで起きていることができず、夕方から眠くなり入眠してしまい、早朝に目が覚めてしまう症状です。この睡眠相前進症候群の子どもの場合、早朝に目が覚めますので登校や勉強ができているため、一見問題がないように感じられますが、ケースによっては夜明け前から覚醒しますので夕方には疲れ切り、なかなか帰宅してからの勉強ができないといった問題を抱える子どももいます。

非24時間睡眠覚醒症候群とは、毎日1~2時間ずつ入眠時刻、起床時刻が遅れていく症状です。入眠時刻や起床時刻が毎日ずれることにより、入眠時刻や起床時刻が安定しません。夏休みや冬休みなどに昼夜逆転生活をしてしまいますと、非24時間睡眠覚醒症候群が生じやすくなります。

対応法

概日リズム睡眠-覚醒障害群は、上述しましたように昼夜のサイクルと体内時計のリズムが合わなくなったことにより起こります。概日リズム睡眠-覚醒障害群への対応の基本は、昼夜の時間的変化と体内時計とが「合うように調整する」ことです(「同調させる」といいます)。子どもが概日リズム睡眠-覚醒障害群ではないかと思われる内容で相談に来ましたら、まずは睡眠状況を日記として記録させ、どのような種類の概日リズム睡眠-覚醒障害群か確認してください。

以下では、子どもに多い睡眠相後退症候群や非24時間睡眠覚醒症候群、睡眠相前進症候群への指導法を紹介することにします。

まず、睡眠相後退症候群の子どもや非24時間睡眠覚醒症候群の子どもに対しては、次のような指示を与えてください。

(1)朝は平日、休日にかかわらず、ほぼ同じ時刻に起き、太陽の光をしっかり浴びる

(2)日中は勉強する、遊ぶなどの活動を活発にするように心がける

(3)昼寝はしないようにする

(4)夜は部屋を明るくしすぎないように照明を調整する

(5)夕方以降はカフェインの入った飲料（コーヒーや紅茶など）は控える

(6)午後10時前までに食事や入浴をすませる

睡眠状況を日記に記録させ
昼夜のサイクルと体内時計の
リズムが合うようにする

睡眠相前進症候群の子どもに対しては、次のような指示を与えてください。

(1)早朝、目が覚めても午前7時ごろまで部屋を暗くして日光を浴びないようにする

(2)昼休みの時間に10～20分程度、椅子に座った状態で仮眠をとる

(3)夕方、眠くなったら軽く運動したり、入浴したりして眠気が起こらないようにする

(4)夜7時から9時ごろまでに照明で部屋を明るくして、強い光を浴びる

これらの方法を実施しても改善がみられないようでしたら、睡眠外来などの医療機関に相談するようにご指導ください。

睡眠を専門とする医療機関では、2500ルックス以上の強い光を1～2時間程度浴びる高照度光療法、睡眠・覚醒リズムを改善するビタミンB_{12}、睡眠を促進するホルモン剤であるメラトニン、睡眠時間を少しずつ遅くしていき望ましい時間帯になったら固定する時間療法などが実施されます。

事例33

睡眠中に突然起き上がって歩き回る子

夜眠っているのに突然歩き回ってしまう子どもがいます。しかし当人は、翌日、まったく覚えていません。このような症状は、子どもには珍しいことではありません。しかし、キャンプなど自宅以外で眠る場合には事故を起こしてしまう危険性をはらんでいます。どのように対処したらよいのでしょうか。

睡眠時遊行症

睡眠時遊行症という言葉をお聞きになったことがあるでしょうか。夢遊病とか夢中遊行症といわれたり、症状が軽い場合には「寝ぼけ」などとよばれることもあります。これらの症状は、子どもが夜、睡眠中に立ち上がって歩き出したり、走り回ったりする症状を指しています。

睡眠時遊行症は、5～12歳の子どもでは10～15％程度に見られるといわれるほど一般的な症状です。従来は小児期に発症し、ほとんどのケースは思春期頃までに自然に改善するとされていましたが、近年、20～30歳代まで続くケースが少なからずあることが明らかになってきています。

症状は入眠後しばらくして眠りが深くなったノンレム睡眠になったときに生じます。突然起き上がり、手足を動かす、同じ動作をくり返す、ふらふらと歩き出す、逃走するように走り出すなどの不自然な動作をし始めます。一連の動作をしている間は目を開けており、言葉を話す、ドアや窓を開ける、障害物を避ける、階段を上るといった非常に複雑で意識があるのではないかと思える行動をすることもあります。ただし、表情はうつろで話しかけても応ずることはありません。また、周囲の人が起こそうとしてもなかなか起きません。そして、ほとんどの場合、数分から十数分程度で自然に落ち着き、何もなかったかのように再び眠ります。睡眠時遊行症の場合、前述したように、本人はノンレム睡眠という非常に深い眠りにありますので、翌日にはこの記憶がありません。

ノンレム睡眠中なので
本人はまったく記憶がない

ただし、「寝ぼけ」には睡眠時遊行症とは異なる別のタイプのものがあります。それは、睡眠の浅いレム睡眠中に起きるレム睡眠行動障害といわれているものです。レム睡眠中には夢を見ることが多くなりますが、レム睡眠行動障害とは夢の中で見ている行動を、実際の行動に移してしまう障害です。通常は高齢者に現れ、年少の子どもにはほとんど出現しません。しかし、思春期以降の子どもの場合には判断に迷うこともあるかもしれません。そのようなときには、睡眠外来などの医療機関で正確な診断を受けるように先生方からご指示ください。一晩かけて脳波検査をすることで（終夜脳波といいます）、診断を下すことが可能となります。

原因

睡眠時遊行症が起こる原因はまだ十分には解明されていませんが、遺伝的要因や心理的要因、脳の発達などに起因していると考えられています。興奮状態のままで就寝したり、精神的ストレスが重い状態で入眠したりしてしまうと、睡眠時遊行症の諸症状が出現しやすいといわれています。

また、脳の一部が未発達であるために生じるとする考え方も有力で、脳がある程度成長する思春期の年齢になってきますと、症状が自然に出現しなくなる子どもも多数います。ただし、とくに原因が見当たらないにもかかわらず慢性的に症状が現れる難治性のケースもあります。

対応法

睡眠時遊行症の諸症状が出現しないようにすることは容易ではありません。そのため、まずは睡眠時遊行症の諸症状を起こさない対策を検討するよりも、睡眠時遊行症の諸症状が生じても、けがをしない対策を考えるようにしてください。睡眠時遊行症の諸症状が出現しているとき、子どもは深い眠りの中にいますので、階段から落ちる、転ぶ、窓から出ようとするなど、さまざまな危険を伴うことがあります。このように危険な行動が見られる場合には、転んだり、倒れたり、転落したりする恐れのある障害物を片付けるなど環境を整えた上で見守ることが必要となってきます。

また、前述したように、かなり深い睡眠状態ですので、子どもは簡単には目を覚ましません。かなり危険な状態にならない限り無理に起こさないようにして、優しく布団まで連れていくか、別の場所で寝かせるようにしてください。

「原因」の中でも指摘しましたが、多くの場合、興奮状態やストレス、睡眠不足、薬の一部（ぜんそく用の薬など）、疲労などが症状を悪化させてしまう可能性があります。興奮状態やストレスを抑えるために、たとえば「寝る前に穏やかな内容の童話や物語を読み聞かせる」「子守歌を歌ってあげる」「子どもが入眠するまで添い寝をしてあげる」など、子どもが安心して寝ることができるようにする配慮が必要となってきます。

また、子どもに過度な不安や恐怖感を与えることも興奮やストレスを高めてしまいますので、日頃の子どもとの関係がどうなっているのかを考えることも大切になります。先生方から子どもの生活習慣の改善や、子どもと保護者との間の緊張関係の緩和を図るようにご指導ください。

症状を抑えるのに決定的に有効な薬は残念ながらありません。ベンゾジアゼピン系の抗不安薬や精神安定剤が効いたという報告もありますが、必ず効果があるという薬は見いだされていません。

睡眠時遊行症と考えられていたのに検査をしてみると、原因が睡眠時無呼吸症候群や周期性四肢運動障害あるいはてんかんや、それに類似する脳の異常といった病気が隠れていることもあります。

子どもの生活習慣や親子関係が良好であり、思春期になっても症状が改善しない場合には保護者と相談の上で一度は睡眠外来や児童精神科などの医療機関の受診も考えるようにしてください。

生活習慣・態度

「電話が怖い」と言う子どもはいませんか。「電話が怖い」と一言でいっても、「電話をかけるのが怖い」「電話の鳴る音が怖い」「電話をする際、人が近くにいると怖い」といったように恐怖の内容は多様です。このような子どもへの対応法を考えてみましょう。

事例 34

「電話が怖い」と言う子

電話恐怖症の症状

「電話に出ようとするとドキドキしてしまう」といったように電話が怖いと感じられることを電話恐怖症といいます。人前で何かをしようとすると極端に緊張して不安になり、手や体が震える、息苦しくなるなどの身体症状が起きることを社会不安障害といいますが、電話恐怖症は社会不安障害の一つです。

代表的症状としては、次に示すものがあります。

・電話をかけるのが怖い、不安になる
・電話が鳴る音を聞くとドキドキしてしまう
・相手に嫌な印象を与えるのではないか、電話の応答に失敗するのではないかと不安になり、かかってきた電話に出るのが怖い
・周囲の視線が気になって思うように話せない
・周囲に人がいると話を聞かれているのではないかと不安になり、電話ができない
・電話の相手がどんな人なのかが気になってし

まい、話せなくなってしまう

さらに身体症状として、全身が熱くなる、息が荒くなる、汗がだらだら流れる、声が震える、舌がもつれる、赤面する、腹痛になる、などの症状が出現するようになります。

子どもによっては携帯電話にも恐怖を感じることがあります。携帯電話の場合、時間や場所に関係なく電話がかかってきますので、大変につらい思いをすることになります。

嫌な体験がトラウマとなり
電話恐怖症に…

電話恐怖症の原因

電話恐怖症になる原因は個人によりさまざまですが、電話にまつわる嫌な体験をしたり、周囲の人が嫌な体験をしているのを見聞きしたりしたことがあると考えられます。代表的な体験としては、以下に示す三つがあります。

(1)直接体験：「電話でしどろもどろになってしまい、恥ずかしい思いをした」「電話で叱られたことがある」「難聴ではないが、電話になると相手の声を聴き取れず、何回も聴き直してしまった」といったように、過去の電話に関連した直接体験がトラウマとなり、電話恐怖症になってしまうケースが多くあります。

(2)間接体験：間接体験とは、他者が電話で嫌な体験をしている様子を見て、自分も電話が怖くなってしまうというものです。たとえば「保護者が借金の取り立ての電話で悩んでいる様子を幼い頃から頻繁に見てきて、そのときの保護者のつらそうな様子から電話が恐ろしくなってしまった」といったケースがそれに該当します。

(3)他人による刷り込み：他人による刷り込みとは、保護者や友だちなど、その子どもに影響力のある人が、電話に関連した嫌な体験を何度も話しているのを聞くことにより、本人も電話に恐怖を感じてしまうようになることです。たとえば、友人から「電話で苦情を言われ続けている」といった話を何度も聞いてしまいますと、その話を聞いた本人も電話の鳴る音が怖くなってしまうことがあります。

対応法

電話恐怖症を克服するためには、まず電話応対に慣れることが何よりも必要になってきます。電話恐怖症の子どもの場合、電話に対する苦手意識が先行してしまい、電話がかかってきたり、かけようとしたりするとパニックになり、話そうとしても言葉が出てこなくなったり、言いよどんだりしてしまうようになります。そして、そんな自分を周囲の人は「変に思っているに違いない」と考えるようになると、ますます不安になり、電話が怖くなる悪循環に陥ります。

このような悪循環から抜け出す方法の一つが、電話で話す際の行動パターンを明確化することです。自分が何をするべきかを明確にしておくことで気持ちに余裕が生まれます。

具体的には、以下の対応が基本となります。

(1)電話をかけたり、電話に出たりするときには、後で何を話したのかわかるようにするために、メモを取るための紙と筆記用具を必ず用意する
(2)最初に「もしもし、○○ですが（あるいは○○でございますが）」と挨拶する
(3)相手の名前を確認する。相手が名乗らない場合には「どちらさまですか」と尋ねる
(4)相手の言っていることがわからない（聞き取れない）ようであれば、「恐れ入りますが、もう一度言っていただけませんか」「申し訳ありま

せんが、○○ということでよろしいでしょうか」と尋ね、相手に確認する

(5)相手が誰であってもなれなれしい言葉を控え、丁寧語や敬語を使うようにする（なれなれしい言葉・くだけた言葉で話していますと、目上の人や知らない人との電話の際、焦ってしまうことになります）

(6)はきはきと話すように心がける

(7)電話を取り次ぐときには「××さんから電話です」と言うようにする

時間をかけて
電話対応に慣れさせること

(8)取り次ぐ人がいないときは、そのことを相手に伝え、こちらからかけ直すか聞く。たとえば「申し訳ありません、××はいません。戻って来ましたら、かけ直しましょうか？」

(9)こちらからかけ直す必要があるときには、相手の名前、電話番号を必ず確認する。たとえば「恐れ入りますが、お名前と電話番号をお伺いしてもよろしいですか？」

電話対応では、この9項目を反復練習するように子どもにご指導ください。ただし、短時間で無理に電話に慣れさせようとしますと逆効果になります。長い時間をかけて、ゆっくりと電話に慣れさせていくことが大切です。

これらの方法でも改善が見られない場合には、社会不安障害として本格的な治療が必要となります。心療内科への受診を子どもや保護者と検討するようにしてください。

心療内科では不安を抑えるための薬物療法や心理療法を行うのが一般的です。

生活習慣・態度

子どもが警察により補導される不良行為の中で、深夜徘徊《はいかい》の割合が突出するようになっています。深夜徘徊に対する法令や背景、指導法について検討することにしましょう。

事例35

深夜に出歩く子

深夜徘徊に関する法令

子どもの深夜徘徊は、「万引き」などの初発型非行を誘発する原因の一つと考えられていますので、長野県を除く各都道府県では「青少年の健全な育成に関する条例」「青少年保護育成条例」により子どもの深夜外出を規制しています（条例名は各自治体で多少の違いがあります。長野県には深夜徘徊の条例はありませんが、長野市など各市町村で条例が制定されています）。

例として、東京都の「青少年の健全な育成に関する条例」の中の「子どもの深夜外出の制限」を紹介しますが、各自治体ともほぼ類似した内容です。

・保護者は、通勤又は通学その他正当な理由がある場合を除き、深夜に青少年を外出させないように努めなければならない

・何人も、保護者の委託を受け、又は同意を得た場合その他正当な理由がある場合を除き、

深夜に青少年を連れ出し、同伴し、又はとどめてはならない

条文中の「青少年」とは小学生以上18歳未満の者をいい、また「深夜」とは午後11時から午前4時（自治体によっては午前5時）までが多いようです。

神奈川県では子どもの深夜外出のさらなる抑制をはかるため条例を厳格化し、保護者の同伴でも、いわゆるカラオケボックスやまんが喫茶、インターネットカフェなど深夜営業を行う施設に〝午後11時から午前4時まで子どもが立ち入ることを禁止する〟となっています。

警察が補導した
不良行為少年の総数と内訳
（平成22年調べ）

101万1964人

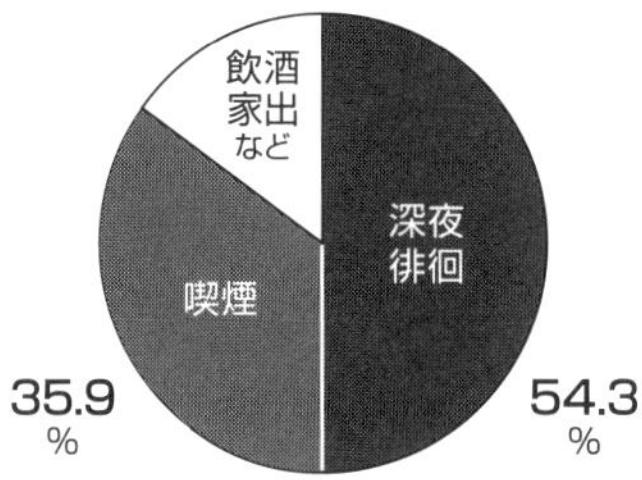

深夜徘徊と喫煙が
大部分を占める
毎年のように深夜徘徊が
増加している

子どもの深夜徘徊の状況

条例の厳格化、学校での生徒指導の強化などの対策にもかかわらず、子どもの深夜徘徊は深刻な状況が続いています。

青森県環境生活部青少年・男女共同参画課が実施した「青少年の意識に関する調査」によりますと、深夜外出をした子どもが平成21年3月の調査で9.2％、平成23年3月の調査で6.1％でした。学校・男女の内訳は下記のとおりです。この結果からは、平成21年時と比べて改善はしていますが、依然として深夜外出が深刻であるとともに、学年が上がるに従い

	小学生	中学生	高校生
平成21年	0.9（男1.4、女0.5）	6.0（男6.0、女6.0）	21.5（男23.9、女19.1）
平成23年	1.4（男2.3、女0.5）	5.3（男5.5、女5.1）	12.1（男14.4、女10.3）

子どもたちの深夜外出が増加していることがわかります。

また、平成22年に警察が補導した不良行為少年（非行少年には該当しないが、深夜徘徊、喫煙、飲酒、家出、暴走行為、不良交友等を行って警察に補導された20歳未満の者）の数は101万1964人でした。内訳をみますと深夜徘徊（54万9798人）と喫煙（36万3658人）の二つが大部分を占めていました（平成23年版「子ども・若者白書」内閣府）。元号が平成になって以降、警察が補導した不良行為少年数は、毎年、深夜徘徊と喫煙の二つが大部分を占めています。ただし、平成2～13年までは喫煙による補導数が深夜徘徊のそれを上回っていましたが、平成14年には喫煙と深夜徘徊の補導数がほぼ拮抗し、平成15年以降は深夜徘徊による補導数が喫煙のそれを毎年、上回るようになっています。

不良行為で補導される子どものうち深夜徘徊で補導される割合は平成2年には27.2％でしたが、平成22年には54.3％とほぼ毎年のように全体に占める割合が増加し、子どもの深夜徘徊が深刻な問題となっていることを示唆するものとなっています。

背景と指導法

子どもは思春期になりますと、それまで依存していた保護者から自立を目指すようになります。ただし、思春期の子どもは身体的には大人に近づきながらも、精神的には自立に伴う不安を抱え、保護者や先生方など身近な大人との間の葛藤・対立により心身のアンバランスが顕著になります。精神的に不安定なこの時期、子どもの中にはしばしば基本的生活習慣の乱れや規範意識の低下が起こります。

このような子どもの場合、同じ悩み・不安を共有し得る仲間と集団を組むようになり、仲間集団で喫煙や飲酒、無断外泊、家出、薬物乱用といった反社会的行為をくり返すようになってしまうことが珍しくありません。深夜徘徊も、親の言い付けを守っていた時代とは違う大人になった自分を感じつつも、精神的に安定しないために交友を求める過程で生じる非行行為の一つであると考えられます。

深夜徘徊は犯罪に巻き込まれる可能性が高いことから、その防止に努めることは言うまでもありません。しかし、保護者や先生方が一方的に深夜徘徊をやめさせようと諭しても、子どもは「周りの子が自由なのに、なんでうちだけ駄目なの！」と感情的に反発してくることが一般的です。

まずは感情的になって叱るのではなく、心配していることを伝えながら、子どもの話を傾聴するように心がけてください。注意はそれからでも十分に間に合います。

警視庁が平成16年に実施したアンケートからは、よく話したり、相談したりできる保護者や先生がいる中学生・高校生ほど非行傾向が少なかったことが明らかになっています。これは保護者や先生とコミュニケーションがとれ、ホッとできる居場所があると感じている子どもの場合、わざわざ深夜徘徊などの非行行為をしてまで居場所を新たに求めることを必要としないことを意味しています。

傾聴を心がける際、子どもの話が反社会的であっても、まずは子どもの話を受容してください。また、子どもの友人を非難するのも慎むようにしてください。

保護者や先生が受け止めてくれると感じたとき、子どもは自ら深夜徘徊といった反社会的行為を慎むだけの力を持っています。

このような試みを継続してもうまくいかないようであれば、スクールカウンセラーや児童相談所にご相談ください。他者が介入することで、子どもと保護者・先生方との間の緊張がほぐれ、コミュニケーションが改善し、誤解が解けることも少なくありません。

事例 36

感受性が強い子

「物語やテレビでかわいそうな場面があるとすぐに泣いてしまう」「芸術作品に通常の子どもが感じないような感動・共感を抱く」。このような子どもに対しては「感受性が強い子」といった表現がされます。感受性が強すぎる子どもの対応法を考えておきましょう。

「感受性が強い」の意味

国語辞典によれば感受性とは「外の物事に触れたときに、心が動かされて影響を受けやすい傾向。外の物事を素直に受け入れる、心の働き」とされています。

「感受性が強い」とは美しいものを見たら美しいと感じ、悲しい話を聞くと悲しくなるなど外界の刺激や印象を敏感に感じ取ることができる心の働きであると考えられ、感受性それ自体は善い意味にも悪い意味にも使われます。たとえば、相手が言語表現していないにもかかわらず相手の気持ちを敏感に察知して優しく接することができるかと思えば、相手の気持ちをわかりすぎるために人の気持ちに引きずられて一緒に笑ったり、泣き出すなどの喜怒哀楽が激しくなることも生じます。

感受性がとくに強い子どもの場合、子どもは感情移入が激しくなり、先生方は苦労が増えるかもしれません。しかし、このような子どもの特性も一つの個性と見なすことができます。感受性がとくに強い子どもに対しては先生が安心感を与えることで、たとえ自分の気持ちは高ぶっても他者への感情表出をコントロールすることができるようになりますので、先生方は子どもの話を傾聴し、安心感を与えるように配慮してください。

高い感受性を持つ人

あまりにも感受性が強く、繊細で、社会の中でストレスを受けやすい子どもがいます。それらの人をエレイン・N・アーロンは「HSP（Highly Sensitive Person）高い感受性を持つ人」とよんでいます。「同じ刺激を受けても他の人より強く反応してしまう、ちょっとしたことにも動揺してしまう」非常に敏感な資質を持った人のことを指しています。

子どもの話を傾聴してあげて
安心感を与えることが大切

高い感受性を持った人は、一方では神経質で、臆病、引っ込み思案、非社交的、口下手、いつまでもくよくよしてしまい、他者から傷つきやすいなどの「生きにくさ」を抱え込みやすくなります。しかし、他方では感動しやすい、創造的、直観力にあふれている、感覚が鋭い、物事の本質を見抜きやすいなどの資質を持っており、これらの資質を生かして活躍している人たちもいます。

自己診断チェックリスト

アーロンは著書「ささいなことにもすぐに『動揺』してしまうあなたへ」（講談社　2000年）の中で、次のような自己診断チェックリストを掲載しています。

・自分を取り巻く環境の微妙な変化によく気づくほうだ
・他人の気分に左右される
・痛みにとても敏感である
・忙しい日々が続くと、ベッドや暗い部屋などプライバシーが得られ、刺激から逃れられる場所に引きこもりたくなる
・カフェインに敏感に反応する
・明るい光や強い匂い、ざらざらした布地、サイレンの音などに圧倒されやすい
・豊かな想像力を持ち、空想に耽《ふけ》りやすい
・騒音に悩まされやすい
・美術や音楽に深く心動かされる
・とても良心的である
・すぐにびっくりする（仰天する）
・短期間にたくさんのことをしなければならないとき、混乱してしまう
・人が何かで不快な思いをしているとき、どうすれば快適になるかすぐに気づく（たとえば電灯の明るさを調節したり、席を替えるなど）
・一度にたくさんのことを頼まれるが嫌だ
・ミスをしたり、物を忘れたりしないようにいつも気をつける
・暴力的な映画やテレビ番組は見ないようにしている
・あまりにもたくさんのことが自分のまわりで起こっていると、不快になり、神経が高ぶる
・空腹になると集中できないとか気分が悪くなるといった強い反応が起こる
・生活に変化があると混乱する
・デリケートな香りや味、音、音楽などを好む
・動揺するような状況を避けることを、普段の生活で最優先している
・仕事をするとき、競争させられたり、観察されていると緊張し、いつもの実力を発揮できなくなる
・子どもの頃、親や教師は自分のことを「敏感だ」

高い感受性を持つ人の特性

感動しやすい、創造性と
直感力がある、本質を見抜く力

神経質、臆病、引っ込み思案、
口下手、傷つきやすい

とか「内気だ」と思っていた

　以上の質問（23個）のうち12個以上に該当すると高い感受性を持つ人である可能性が示唆されています。

（その後、自己診断テストは質問が27に増加しています。詳細はhttp://homepage3.nifty.com/hspjapanese-k/newpage1.htmlなどで確認してください）

　子どもが高い感受性を持つ場合、通常の子どもにとっては何でもない刺激でも、その子どもにとっては耐え難い刺激となってしまうことがあります。自分が他の子どもと違うために自信がなくなったり、劣等感に苦しむ子どももいます。

　先生方は、これらの子どもに対して感受性の鋭い良い部分を褒めるようにご指導ください。高い感受性を持つ子どもに対しては、よい点を褒め、自己肯定感を高めてあげることが求められます。

性格・行動

早口で話すため、相手から「えっ、今、なんて言ったの?」と何度も聞き返されたり、また、早口であるため「せっかち」と言われ、自信をなくしている子どもも少なくありません。早口の原因や改善法を検討しておきましょう。

事例37

早口でしゃべる子

早口になる原因

音声は呼気（息の吐き出し）の際に出ます。吸気（息の取り入れ）が少ないにもかかわらず、息を吐き出すときに一度にたくさんのことを話そうとすると、少量の息である程度の話をすることになってしまうため、どうしても早口になってしまいます。

現代人は自分の肺活量のうち、わずか15％程度しか息を取り入れずに話しているといわれています。そのため通常の人でも早口の傾向があるといわれていますが、吸気が少ないにもかかわらず、たくさんのことを話そうとしてしまう子どもの場合、余計に早口になり、聞こえ方がはっきりしなくなってしまいます。

早口のもう一つの原因は間の取り方です。最近のアナウンサーは以前に比べて話すスピードが早くなっています。それでも早口には聞こえないのは間がきちんと取れているからです。間が取れていないと聞き手には、話し手が一方的に話しているように感じられ、まくし立てて早口で話しているように感じられてしまうのです。

早口かどうかの判定

早口になっていないかどうか子どもが心配しているようであれば、以下に示す簡単なチェックをさせてください（あるいは先生が判定してください）。

三つ以上、該当するようであれば早口である可能性があります。後述する早口を改善するための練習を子どもにご指導ください。

早口は「呼吸」と
「間の取り方」に問題があるが、
時代の傾向かもしれない

・「頭の回転が早い人だ」と言われることがある
・話に熱中すると、つい声が大きくなっている
・相手が話し終わらないうちに、つい話し始めてしまうことがある
・話し終えても相手から聞き返され、もう一度説明することがある
・話したくてしかたがないほど「おしゃべり好き」だと思う
・「もっと、ゆっくり話してほしい」と言われたことがある

早口を改善するための練習

早口の子どもに「ゆっくり話すように」と指示しても、なかなか問題解決には至りません。それは早口が性格や気持ちの問題ではなく、上述したように「呼吸」と「間の取り方」に問題があるか

らです。

(1)呼吸法の練習

落ち着いてゆっくり話すことができるようになるためには呼吸を整える必要があります。人は呼吸を鼻と口の2カ所で行っています。どちらを主に使って呼吸をしているかは人によって異なります。「喉や唇がすぐに渇く」「口を半開きにすることが多い」という人は「口からの呼吸」の可能性が高いと思われます。

口からの呼吸は健康上の問題から避けた方が無難ですが（喉を乾燥させたり、病原菌を直接、取り込んでしまいやすくなります）、早口の観点からも好ましくありません。口による呼吸の場合、呼吸と発言を同時に行う必要があるため、どうしても呼吸量が少なくなり、早口になりがちです。それに対して鼻からの呼吸は多くの息をゆったりと吸うことができます。早口で悩んでいる子どもに対しては、まず鼻から息を吸う習慣を身につけさせてください。

次に、たっぷり呼吸できるようにするために腹式呼吸をご指導ください。呼吸には胸式呼吸と腹式呼吸の2種類があります。胸式呼吸は肋間筋という肋骨の間の筋肉や首の筋肉を使って呼吸する方法ですが、息を吸うと胸がふくらみ、吐くとへこみます。これに対して腹式呼吸は横隔膜を大きく上下させて行う呼吸法で、息を吸うとおなかがふくらみ、吐くとへこみます。

腹式呼吸の方が体に深く息が入りますので吐く息の量も多くなり、より大きく通る声を出すことができます。また、ゆっくり最後まで聞こえるように発音できるようにもなります。

腹式呼吸で声を出す方法として、次の方法を教えていただき、子どもに練習させてください。練習時間は1分程度でかまいません。

1. 体をリラックスさせます
2. ため息を「あぁ〜〜」と出します
3. その声を少ししっかりと「アーー」と出してください。その際、口を縦に開いて、できる

間の取り方の練習

録音して本人に聞かせる
聞く立場になって「はい」「へぇー」など
相づちを打つ

腹式呼吸で声を出す方法

だけ前に声が届くようにしてください

4．長く発声してください

5．発声し終わったら一瞬息を止めて、今度はできるだけゆっくり、たくさん息を鼻から吸いましょう。その後、3～5をくり返します

腹式呼吸による発声になっているかどうかは、胸のあたりが響くようになっているかどうかでわかります。

(2) 間の取り方の練習

子どもの話を聞いていて、間が取れていないと先生がお感じになったら、子どもの話を録音してください（子どもから許可を得てください）。間が取れていないことは本人にはなかなかわかりません。自分の話を録音で聞くことで間が取れていないことを確認できるようになります。

次に、自分の話の録音を聞かせ、聞く立場になって「はい」「へぇ～」などと相づちを打つようにさせてください。そして、人に話すときには、そこで間を取るようにご指導ください。

第6章

性格・行動

事例38

すぐに人に指図・命令する子

あれこれと他の子に指図・命令をする子どもがいます。本人に必ずしも悪意はないのですが、命令口調のため友だちとトラブルになることも珍しくありません。このような子どもの指導法を考えてみましょう。

専制型リーダーシップ

社会心理学者のクルト・レビンは、リーダーシップを専制型、民主型、放任型の三つに分類しています。専制型リーダーシップとは、グループの目標、方針、方法などを、人と相談せずに自分で勝手に決め、行動すべきことを命令するワンマンタイプです。

民主型リーダーシップとは、グループのメンバー全員で理解や合意を得るため十分に話し合った上で決めていこうとします。

放任型リーダーシップとは、「ほったらかし」のリーダーで、リーダーという名前がついていますが何も指図・命令しないタイプです。

「○○しないと、もう絶交だからね」「××ちゃんのこと嫌いだから先に一人で帰って」などとつい人に指図・命令してしまう子は専制型のリーダーシップを発揮してしまう子どもです。この専制型リーダーシップの子どもの場合、最初のうち、友だちから不平・不満はあまり出てきません。しかし、一度うまくいかなくなると周囲の友だちが反発し、「もうあなたとは付き合いたくない」などと敬遠されるようになります。

専制型のリーダーシップの子どもは言い方がきつくなってしまいがちで、周囲もどのように対応していけばいいのか困ってしまいます。また本人も、周囲の反発に対して「自分は悪くない」と思っていますので、本人も悩んでしまうことが時にあります。

専制型リーダーシップ

人と相談せず自分で勝手に決め
行動を命令するワンマンタイプ

交流分析

交流分析とはエリック・バーンにより創案された「自己理解」や「自分と他者の交流パターン」などを知る分析法です。

通常、エゴグラムを用い、「CP：正義・道徳的な心」「NP：人を思いやる心」「A：大人の心」「FC：自由な心」「AC：順応な心」の5領域を測定します。各領域は10の質問から構成されていますが、ここでは、字数の制約のため「A：大人の心」を省略しますが、それ以外の領域について4項目ずつ例示します（「自己成長のエゴグラム」から引用）。

まず以下の項目に該当するかどうか、指図・命令しているかどうかで悩んでいる子どもがいれば実施してください。

CP
1　間違ったことに対して間違いだと言います
2　時間を守らないことは嫌です
3　規則やルールを守ります

4　決めたことは最後まで守らないと気がすみません

NP
1　思いやりがあります
2　人を褒めるのが上手です
3　人の話をよく聞いてあげます
4　人の気持ちを考えます

FC
1　してみたいことがいっぱいあります
2　よく笑います
3　新しいことが好きです
4　好奇心が強いほうです

AC
1　人の気持ちが気になって合わせてしまいます
2　人前に出るより、後ろに引っ込んでいます
3　よく後悔します
4　遠慮がちです

CPとFCに当てはまる項目が多く、NPとACに該当する項目が少ない場合、リーダーシップをとったり責任感が強い一方で、自己主張が強く人の気持ちをあまり考えずに指図・命令してしまう専制型リーダーシップの傾向があると考えられます。

交流分析では、本来、各領域を10問ずつ実施します。エゴグラムの質問項目はインターネットや書籍で容易に質問が入手できますので、専制型傾向の子どもに対して実施してみてください。それでも同様の傾向があれば、以下の対応をご検討ください。

背景と対応法

子どもが専制型のリーダーシップを行ってしまうのには、その背景があります。「すぐに人に指図・命令する子」に対しては、上述したように周囲が悩んでしまうだけでなく、本人も悩んでいることがあります。まずは当事者の話を傾聴してください。その際、「命令するあなたが悪い」「少し命令

を控えれば、問題は解決する」といった趣旨のことを言いたくなりますが、まずは子どもの話を批判せずに受け止めてください。

　話を傾聴していると、子どもによっては、常に強く振る舞うことで自分の安心感を得ようとしたり、何らかのストレスの反動のために専制的になっていることがあります。このようなときは、子どもに安心感を与えてあげることが求められます。

「そんなに頑張らなくても、先生はあなたの味方ですよ」といった内容を子どもに伝え、ストレスからの解放を図ってください。

　保護者が指図・命令的な話し方であった場合も、子どもは友だちに指図・命令口調になります。このような疑いのある場合には、保護者に事情を説明した上で、保護者が丁寧な話し方をするように要請してください。その際、保護者に「自分が言われても不快にならないような話し方を子どもにしてみてください」と依頼してください。保護者にご了解をいただけることが多いようです。

強く振る舞うことで自分の安心感を得ようとするケース
↓
「そんなに頑張らなくていいよ…」とやさしく言う

保護者の指図・命令的話し方を子どもがまねているケース
↓
保護者に事情を説明する

事例39

赤ちゃん返りする子

保護者から「子どもが乳幼児のような言葉遣いや行動をする」「子どもが再び指しゃぶりやおもらしを始めてしまった」などといった相談を受けることがあります。このような子どもの行動を「退行」といいます。この退行が生じる原因や対応法を考えてみましょう。

退行

退行とは、自分を守る防衛機制の一つです。現在の発達状態よりも前の未発達な状態に戻ることを指します。発達の観点からは子ども返り（赤ちゃんのようになるのであれば「赤ちゃん返り」、幼児のようになるのであれば「幼児返り」）ということになります。

子ども返りは、子どもが現在、抱えている欲求不満や不安状態をなんとか解消し、満足を得ようとする現象です。たとえば、弟や妹が生まれる前までは問題がなかったのに、弟や妹の誕生後、言葉遣いや行動が幼稚になり、ぐずったり、訳のわからないことを言ったりすることがありますが、これも退行にあたります。

この場合、弟や妹の出現により「母親を弟（妹）に取られてしまうのではないか」「自分は見捨てられてしまうのではないか」といった不安が生じ、再び母親に目を向けてもらうために退行現象を起こしています。

子どもの示す退行には、次に示す三つのタイプがあります。子どもよっては、時と場所に応じて複数を使い分けるケースもあります。子どもが何らかのストレスを抱えたとき、これらの退行現象が出現することがあります。

(1)暴力・暴言タイプ

これまでとくに問題がなかった子が「だだっ子」のようになり暴力をふるったり、暴言をくり返し攻撃的になったりすることがあります。ちょっとしたことで、すぐに怒り出します。通常、暴力や暴言の相手は保護者や自分を見守ってくれる人のことが多いのですが、子どもによっては、より弱いもの（弟・妹やペットなど）に向くこともあります。

(2)退行・依存タイプ

乳幼児のような行動をとったり（退行）、保護者や先生など見守ってくれる人にべったりと甘えたり（依存）するケースです。それまでの順調な発達から以前の未成熟な状態に戻ってしまったかのような行動（あるいは、それまでにはなかった子どもの行動）をとりますので、保護者や周囲の人は戸惑ってしまいます。

(3)執着タイプ

執着とは、安心感を得るために本人にとって思い入れのある特定の「物」にこだわりを示すことです。たとえば不登校の中学2年生女子の例ですが、フリースクールに来るとき、いつも幼稚園時代の使い古しのバスタオルを持参し、それを常に触っていました。本人は、このバスタオルの感触を確かめることで精神的に安心するとのことでした。

健康な退行もある

子どもの退行を見て、子どもに大変なことが起こっているのではないかと不安になる保護者（あるいは先生方）がいらっしゃるのではないでしょうか。しかし、退行は子どもだけでなく、大人にもしばしば生じます。

たとえば、仕事でストレスがたまってくるとストレス発散とばかりに飲酒して子どものようになってしまう人がいます。また、サッカー観戦や遊園地で、大人が子どものようにはしゃいでいる光景を見かけることもあります。さらに仕事で疲れて帰ると、しなくてはいけないことがあることはわかっていても、赤ちゃんのように寝転がってゴロゴロすることもあります。

これらの現象は、退行することにより自分の心の緊張を解放し、ストレスを発散するための方法です。

このように一時的に退行しても、すぐに元気を回復することができる退行を「健康な退行」（あるいは「創造的退行」）とよんでいます。退行は誰にでも起こり得るものなのです。

対応法

「健康な退行」のように一時的に退行しても、すぐ回復する場合には大きな問題とはなりません。しかし、退行の程度が著しく、またその状態が継続するようであれば対応が必要となってきます。このような深刻な退行の場合、叱ったり説教したりしても、効果はほとんどありません。

一般的には、叱れば叱るほど症状は悪化していきます。

それでは、深刻な退行に対して、どう対応すればいいのでしょうか。まず対応の前提としては、退行が「関わってほしい」「かまってほしい」と

退行・依存タイプ

親にかまってほしいと
べったり甘えるケース

いうサインであるということを理解しておく必要があります。退行を起こしている子どもの保護者や先生方からは「十分に時間をとって関わっている」というお叱りを受けることもあります。しかし、たとえ客観的には十分な時間をとって子どもと関わっていたとしても、子どもにとってはまだ不十分で納得していないのです。

　激しい子ども返りに対する対応の基本は、以前子ども返りがなかったときに対応していたのと同じ程度に優しく関わるようにすることです。また保護者にもそのようにご指導ください。症状が緩和する（あるいはそれ以上悪化しない）ようであれば、その対応をしばらく続けながら徐々に関わる程度を減らすようにしてください。子どもの状態を見極めながら根気よく対処することが求められます。

根気よく優しく関わるが、
暴力をふるうようなときは
厳しく注意する

　ただし、退行により暴力が伴うケースについては配慮が必要となってきます。体をたたく、殴る、蹴るといった身体的暴力をふるうようであれば、たとえそれがどんなにささいなものであったとしても、「暴力はダメだよ」とはっきり言うようにしてください。また保護者にも、そのような対応をするようにご指示ください。それでも暴力がやまないようであれば、しばらくの間、その場から離れるようにしてください。

　「暴力をふるうことで周囲の人が関わってもらえる」と認識してしまうと、暴力はより激しくなってしまいます。

性格・行動

母親など保護者の姿が少しでも見えなくなると不安を訴え、いつも保護者と一緒にいたがる子どもが先生方の身近にいませんか。母親と離れたくないことを理由に学校へ行き渋るようになることもあります。このようなケースでは、どのように対応すればいいのでしょう。

事例40

母親など保護者のそばを離れようとしない子

分離不安症／分離不安障害

子どもが保護者や家から離れるときに感じる不安を分離不安といいます。分離不安それ自体は子どもの発達過程で見られる一般的現象です。生後8カ月ごろから、子どもは保護者をいつも一緒にいてくれる特別な存在であると認識するようになります。しかし、物の永続性（時間や記憶など）の概念がまだ十分に発達していないため、保護者がいったん自分から離れると、いつ戻ってくるのか不安になります。生後10～18カ月の間が最も激しく分離不安が生じる時期です。保護者はいずれ戻ってくるということを理解するようになってくれば分離不安は軽減しますが、平均して24カ月くらい続きます。

ところが、小学校に入学する年齢になっても分離不安が強い状態のままであったり、一度は分離不安が治まったように見えても再発してしまうことがあります。このように発達的に不適切な年齢で起こる分離不安を分離不安症／分離不安障害（以下分離不安障害）といいます。分離不安障害は子どもの3～5％に見られます。

分離不安障害の症状

分離不安障害の子どもの場合、母親など保護者から離れると自分に何か悪いことが起こるのではないかと考えてしまうケースと、逆に保護者に事故やけがなど何か恐ろしいことが起こるのではないかと心配してしまうケースがあります。いずれにしても保護者から離れることが困難となることにより、「学習が遅れる」「仲間と遊べなくなってしまう」などの問題が深刻化していきます。

保護者に依存する傾向が
強まると「学習が遅れる」
「仲間と遊べなくなる」こともある

以下に示す症状が4週間以上持続してみられる場合、分離不安障害の疑いがあります（診断基準を知りたい方は、国際的な診断基準であるDSM－5をご参照ください。インターネットからも検索することができます）。

・家を離れることへの不安感が強い
・いつも保護者と一緒にいたがり、1人になることを恐れている
・1人で眠れない
・頭痛、腹痛、吐き気などの身体症状が現れる
・悪夢を見る
・赤ちゃん返りをする
・夜尿や遺尿（日中目を覚ましているときなどに無意識に小便をもらすこと）が起こる

分離不安障害の誘因

分離不安障害の誘因

子どもが新しい環境になじめず
保護者に依存する

保護者の過保護が原因で
子どもが依存し続ける

分離不安障害は、本人の性格、家庭環境、つらい体験などが複合的に関係して起こると考えられています。性格とは、本人が内気であるため、入学や転居、クラス替えなど新たな環境の変化が生じると、それになじめずに保護者に依存する傾向を強めてしまうというものです。

家庭環境とは、保護者の暴力や養育拒否、下の子どもが生まれたことなどにより、自分が「今までのように愛してもらえないのではないか」という不安を持つことを指しています。また保護者が過保護であるために子どもが依存し続けているケースもあります。

つらい体験とは、保護者の離婚や死、母親の病気入院、迷子などにより、自分が「見捨てられてしまうのではないか」という不安な体験のことです。

これらの体験が引き金となり、自分に目を向けてくれる保護者を失わないようにするための手段として、母親など近親者に「ベッタリ」と寄り添ってしまうようになることが起こります。

また、子どもの分離不安が保護者の不安に起因しているケースもあります。自分にくっついていた子どもが離れていくのを寂しく思ったり、自分の子どもをかわいいと思えず悩んでいる母親の場合、母親の不安が子どもの不安を増大させ、子どもの分離不安障害につながることがあります。

対応法

子どもが保護者から離れようとしないことを叱ったり、無理に引き離したりしても効果はありません（むしろ逆効果となることさえあります）。分離不安障害は無意識に起こる症状だからです。また不登校となっている場合、登校を強制するなど無理をさせないようにしてください。原則は「無理をしない」ということになります。

対応としては、子どもと保護者の心の安定感を確保することが求められます。先生方からは保護者に「子どもの不安を理解して温かく受け止める」ようにご指導ください。小学校の低学年であれば子どもをしっかり抱き締めるなど、保護者から大切に守られているという感覚を持たせることが必要となってきます。その際、保護者の気持ちをじっくりと傾聴するように心がけてください。保護者も子どもの分離不安障害の問題で精神的に追い詰められているだけでなく、保護者の不安が子どもの分離不安を強めていることがあるからです。

保護者が根気よく「子どもの不安を理解して温かく受け止める」対応を続け、先生方が保護者の対応を支援していくうちに子どもの分離不安障害の諸症状は消失していくことが少なくありません。

これらの対応を続けても効果が見られないようであれば、医療機関や相談機関を保護者とご検討ください。分離不安障害の専門機関の対応としては、子どもには遊戯療法や家族療法、認知行動療法が一般的です。併せて保護者にカウンセリングを実施します。不安がとくに強い場合には、抗不安薬などの薬物療法を併用することもあります。

第6章

性格・行動

事例41

病気のふりをする子

「めまいがする」「気持ちが悪い」「おなかが痛い」などと病気を装って頻繁に保健室を訪れる子どもがいます。仮病なのか、それとも本当に体調が悪いのかを判断することは容易ではありません。仮病の種類や判断の方法、対応法を考えてみましょう。

仮病の種類

一口に仮病といっても、それほど心配のない「通常の仮病」から、詐病《さびょう》や作為症／虚偽性障害（以下虚偽性障害）と診断されるものまでさまざまです。まずは各症状を説明することにします。

最初に通常の仮病です。通常の仮病とは、「人にかまってもらいたい」など注意を引こうとしたり、「今日は学校で嫌なことがあるので休みたい」など嫌なことを避けようとしたりするために病気の症状をちょっと大げさに言う場合です。この種の仮病を使ったことがある人は少なからずいるのではないかと思います。通常の仮病はたとえうそであっても仮病の内容が重篤ではなく、また継続性のない一過性のものがほとんどです。

次に詐病です。詐病とは、先生や保護者から叱られる（罰を受ける）のを回避しようとしたり、見舞いの金品を得たりすることを目的にして病気であるかのように偽る行為です。詐病では、通常、実利的目的が達成されますと仮病をやめます。うそをつくという観点から考えますと、詐病には人格障害と考えられるケースも多数含まれます。

　そして虚偽性障害です。虚偽性障害では詐病のように罰の回避や金品の取得といったはっきりとした実利的目的はありません。友だちや保護者、先生から優しくしてもらうために仮病を装うようになります。病気になれば周囲の人が配慮をしてくれることを経験的に知っているからです（疾病利得といいます）。心の空洞を埋めるために、必死になって病気を装うようになります。

嫌なことを避けるために、
症状をちょっと大げさに言う
（仮病）

　このように説明しますと「通常の仮病」と同じように思われるかもしれませんが、「通常の仮病」とは仮病の質・内容が異なってきます。病気のふりをするために「そんなことまでするのか」ということを平然とやってしまいます。たとえば、「熱がある」ことを装うために検温の前に熱い飲み物を大量に飲んだり、洋服で体温計をこすって摩擦熱で温度を上げたりします。また、記憶喪失や歩行困難などを装うこともしばしばです。虚偽性障害について、国際的な診断基準であるDSM－5では以下に示すようになっています。

・身体的または心理的徴候、または症状の意図的産出、または捏造《ねつぞう》
・自分自身が病気、障害、または外傷を負っていることを周囲に示す
・明らかな外的報酬がない場合でも、ごまかしの行動が確かである

虚偽性障害の中でも重症なケースを「ミュンヒハウゼン症候群」とよびます。自分が病気であることを訴え、入院し手術を受けようとしたり、次々と病院を渡り歩くようになったりします。

また、「ミュンヒハウゼン症候群」の亜型に「代理人によるミュンヒハウゼン症候群」があります。これは本人が病気を装うのではなく、保護者が子どもを病人に仕立てることで、直接は保護者に注目が集まらないにしても、間接的に注意を向けてもらおうとするものです。子どもの体調が悪くなるように下剤を飲ませたり、子どもの尿検査の容器に故意に水道水や砂糖などを入れてしまったりする一方で、子どもの看護に献身的な保護者を演じたりします。

「代理人によるミュンヒハウゼン症候群」は児童虐待の一つと考えられます。子どもを死に追いやってしまう危険性がありますので注意を要します。

仮病と身体症状症の違い

身体症状症（転換症／転換性障害、病気不安症、醜形恐怖症／身体醜形障害）も、体の器質に異常がないのに病的症状を訴えるという点で仮病と類似した部分があります。しかし、通常の仮病や詐病、虚偽性障害であれば、うそをついて病気を演じているという認識が本人にあります。

しかし、身体症状症の場合、本人は意図して病状を作り出しているわけではありません。身体症状症では症状を自分では制御できませんし、なぜそういう症状が出るのか本人にもわかっておらず、何よりも本人が苦しんでいます。

仮病の見分け方と対応法

本人が巧みに病気を演じていますと、最初はなかなかわからないかもしれません。とくに詐病や虚偽性障害の子どもたちは、病気に関する知識をインターネット等から得ており、これらの知識を駆使して病気を装いますので、仮病かどうかの見極めは容易ではありません。しかし、いくら病気を装うのがうまいとしても本当の病気ではありません。時間をかけて傾聴すると、以前の話とつじつまが合わない点が出てくるようになります。

詐病や虚偽性障害の子どもの場合、とくに聞き手が興味を持つ話をしようとすることが多くなりますので、不自然な点が次第に現れてくるようになります。ただし、仮病であることが疑われても明確な確証が得られない限りは傾聴を心がけるようにしてください。問いただしてしまいますと子どもとの信頼関係を損なってしまうことにもなりかねません。

本人が意図して病状を
作り出しているわけではないので
症状を自分では制御できない
（身体症状症）

仮病であることがわかっても子どもを責めたてないようにしてください。先生方のお気持ちとしては「あれほど配慮をしたのに、だまされた」という怒りにも似た感情を持つこともあると思います。しかし子どもを責めたててしまいますと、それが引き金になって心のバランスが崩れ、新たな精神的問題を引き起こすことがあります。大切なことは、なぜ子どもが仮病を使ってまで周囲の人を欺こうとするのかを理解することです。

詐病や虚偽性障害の子どもに対しては、心療内科や精神科、スクールカウンセラーなどによる心の対処が必要となってきます。相談機関で本人が心理療法を受けてみようと思えるようにするためにも、先生方が子どもの話を傾聴し、子どもが冷静に自分の問題点を見つめることができるような状態をつくるようにしてください。

事例42

「まばたき」などを頻繁にくり返す子

「まばたきをする」「顔をしかめる」「口を曲げる」といった動作を頻繁にくり返す子どもがいます。一見落ち着きのない子どものように見えるかもしれませんが、チック症に由来する症状かもしれません。チック症の対応法を考えてみましょう。

チック症

チック症とは、とくに目的があるわけではないのに体の一部（構音器官を含む）が本人の意思とは無関係にくり返し動いてしまうことをいいます。10人に1～2人が発症するといわれており、決して珍しい症状ではありません。発症年齢は3～4歳の幼児期から始まり、7～8歳の学童期にピークとなり、大多数の子どもは10歳ごろまでに発症します。しかし、ケースによっては20歳を過ぎてから発症することもあります。男性と女性の出現比率は3対1で、圧倒的に男性が多くなります。ただし、チック症の重症型といわれる慢性多発性のチック症（トゥレット症候群といいます）に限定すれば、学童・思春期に比較的多く見られ、男女比は10～15対1とさらに男性の方が多くなります。なぜ男女差が生じるのかについてはまだ十分に解明されていませんが、男子と女子の成長・発達の特異性の違いによるものと考えられています。

チックの症状は大きく分けると4種類です。まず、運動性チックと音声チックに分けられます。そして運動性チックと音声チックのそれぞれに単純チックと複雑チックがあります。

単純チックは、目的がないのにピクピクと特定の筋肉を素早く動かします。一方、複雑チックは、一見何か意図があって複数の筋肉を動かしているように見えます。

(1)運動性チック(単純チック)：最も一般的なチックです。特定の筋肉を目的がないまま不規則かつ連続的に動かします。症状として一番多いのがまばたきですが、それ以外にも白目をむく、鼻をヒクヒクさせるといった顔面のチックや、口をすぼめる、首をグイっと引く、肩を上げるなどといったものもあります。

(2)運動性チック(複雑チック)：一見すると何らかの意図や意味があるように見え、複数の筋肉を使う動きが特徴です。跳びはねる、足踏みする、足で蹴るなど動作は全身に及びます。人や物に触る、たたく、匂いをかぐといった症状が現れることもあります。

(3)音声チック(単純チック)：せき払い、鼻をクンクンと鳴らす、豚のように「ブーブー」とうなる、「アッアッ」とほえる、「ハー」と音をくり返すなど単純な音声症状が現れます。

(4)音声チック(複雑チック)：状況に合わない言葉をくり返します。一般的症状としては、「社会に受け入れられない言葉・みだらな言葉をくり返すコプロラリア(汚言症)」「他者が言った言葉をくり返すエコラリア(反響言語)」「自分の話した音声や言葉をくり返すパリラリア(反復言語)」があります。

これらの症状を本人は故意にやっているわけではありませんので、止めようと思っても止めることができません。

また、チックが頻繁に起こる期間が1年未満か、それ以上かによって一過性と慢性に分けることもあります。そして、子どものチックは、その大多数が一過性のチックです。

チックの発症の原因

発症の原因としては、身体因と心因が相互に関係し合っていると考えられています。身体因としては、脳内の神経と神経のつなぎ目であるシナプスにおいて情報伝達を行う神経伝達物質がうまく作動していないという「神経伝達物質不均衡説」(運動がスムーズに行えるよう全身の緊張を調節している大脳基底核に異常があり、ドーパミンが情報をうまく伝達できていないという考え方)や、脳の線状体障害説などがあります。

心因としては不安や緊張などの精神的ストレスがチック症状を引き起こす「きっかけ」や「引き金」になるというものです。

近年、チックの発症に関しては身体因を重視する傾向があり、従来指摘されていた本人の性格や保護者の養育的態度(厳しすぎるしつけなど)は根本的原因というよりはストレスの一つとしての「きっかけ」「引き金」となっていると考える傾向が強くなっています。

対応法

チックの症状は10歳から10歳半ばまでが最も激しく、多くの子どもの場合、思春期を過ぎる頃になると症状は自然と消失したり、残っていたとしてもほとんど気にならない程度に軽微なものになったりします。トゥレット症候群でも成人期になると90%程度の人は症状が軽減・消失します。

このように多くのチック症は、特別の対応を取らなくても比較的短期間で消失します。

ただし、症状が長期化し、なかなか消えないようであれば、チック症が生じる「きっかけ」「引き金」となっていると考えられる精神的ストレスを特定し、できるだけリラックスさせてあげることが必要となってきます。

たとえば本人の動作が緩慢でなかなか指示されたことができなかったり、言えなかったりしたとき、担任の先生や保護者はつい「早くしなさい」「きちんと言いなさい」と言ってしまうことが多くなります（あるいは言葉では言わなくても態度に表れてしまいがちになります）が、口うるさく言うのは避けるように養護教諭から担任や保護者をご指導ください。また、チック症状を無理にやめさせようとすることも同様の理由から、しないように担任の先生や保護者に理解を求めてください。

子どもが自分のペースで行うことができるよう周囲の人が配慮することで、大多数のチック症状は自然と減少・消失していきます。

日常生活に支障をきたしている場合や、症状が長期・慢性化し、多発・激症化している場合には、児童精神科などの医療機関や相談機関での対応が必要となってきます。

医療・相談機関では神経遮断薬や抗不安薬などによる薬物療法、遊戯療法・行動療法・睡眠療法などの心理療法、保護者に理解を求める家族カウンセリングなどを実施するのが一般的です。

心身をリラックスさせ
無理にやめさせようとしない

性格・行動

「突然、ちょっとしたことでイライラして床を蹴ったり、人に暴力をふるったりしてしまう」といったように、自分の思い通りにならないと怒りが爆発し、器物破損や乱暴な行為に及ぶ子どもがいます。このような子どもへの対応法を考えてみましょう。

事例43

突然怒り出すが、すぐに落ち着く子

間欠爆発症／間欠性爆発性障害

イライラしたとき、攻撃的になることは誰にでもあり得ます。しかし、たとえ怒りを感じても実際に相手に危害を与えるような攻撃をしたり、物を壊したりすることはまれです。自分の気持ちが抑えきれず周囲の人に多大な迷惑をかけてしまう人の中には反社会性パーソナリティー障害や境界性パーソナリティー障害、精神病性障害、躁《そう》病、素行症／素行障害やＡＤＨＤなどがありますが、今回ご紹介する間欠爆発症／間欠性爆発性障害（以下間欠性爆発性障害）もその一つです。

　間欠性爆発性障害の場合、ちょっとした不快な出来事に対して、なぜそこまで怒るのか了解が不可能なほど突然、怒り出し、状況にふさわしくない暴力や器物破損行為をくり返してしまうという特徴があります。通常は何も問題がないように見える子どもが、突然、このような症状を示しますので、周囲の人は戸惑ってしまうことも珍しくあ

不快な出来事に対して
異常な怒りを表す
（自分の発言を邪魔された）

りません。

怒りが長時間続くことはほとんどなく、たいていの場合には十数分後には常軌を逸した怒りがうそのように静まります。そして冷静になると、先の暴力や器物破損の行為を恥ずかしいと感じ、自責の念に駆られ後悔もします。しかし、その場は怒りによる衝動的行動を抑えることは困難です。

間欠性爆発性障害の例をご理解いただくために、あえて大人の例を出すことにします。車に乗っているとき、無理な割り込みをされたり、前を走行している車があまりにものろのろ運転であったとき、突然、腹を立て、クラクションを長めに鳴らしたり、異常接近したりして威嚇する人を見かけたことはないでしょうか。このように運転中に突然キレてしまう人であれば、間欠性爆発性障害の可能性が高くなります。

子どもでも間欠性爆発性障害は珍しくありません。自分の発言を他の子どもが遮って発言しようとしたり、緩慢な動作の子どもを見たりすると、突然、怒り出し、かんしゃくを起こして物を投げたり壊したり、あるいは思わず手が出てしまったりする子どもはいないでしょうか。いるとすれば、このような子どもが間欠性爆発性障害に該当します。

国際的に用いられている診断基準である「精神疾患の分類と診断の手引（DSM－5）」では、以下のように規定されています（わかりやすくするため一部を修正しています）。

A．反復的な行動爆発

(1)言語面での攻撃、または所有物、動物、他

者への身体的攻撃が3ヵ月で平均して週2回起こる

(2)所有物の損傷・破壊、動物や他者を負傷させる身体的攻撃が12ヵ月で3回起きている

B.反復する行動爆発の強さは、挑発の原因やきっかけとなった心理社会的ストレスとはひどく釣り合わない

C.反復する行動爆発は、前もって計画されたものでも、金銭などを手に入れるためのものでもない

D.反復的行動爆発は、本人にとって明らかな苦痛となっているか、対人関係で問題が起こっている

米国における研究知見

間欠性爆発性障害の実態については、まだあまり知られていません。しかし、米国ハーバード大学医学教室のロナルド・ケセラーらによる家庭訪問調査研究の知見によりますと、米国人の7.3%に当たる1600万人が間欠性爆発性障害であると推計されており、思っているよりも一般的な障害であることが示唆されています。

また、1年間に怒りを爆発させる回数は平均して5回程度、女性よりも男性の方が圧倒的に多く発症し、平均発症年齢が14歳と思春期の比較的早い時期であることを明らかにしています。さらに実際に治療を受けている割合は28.8%と3割に達しておらず、まだ米国においても医療や相談の対象に十分にはなっていないことがうかがわれます。原因は十分には解明されていませんが、衝動性を抑える働きをするセロトニン神経系の活動能力が低いことが原因の一つと考えられています。

対応法

米国における知見が日本においてそのまま該当するかどうかはわかりませんが、少なくとも日本においても相当数の子どもたち、とくに男子が間欠性爆発性障害である可能性があります。かつて

この子どもたちの一部は欲求不満耐性（フラストレーション・トレランス）が著しく低いとされていた子どもたちです。

怒りが一時的に爆発しても、その後、冷静になると自責の念にかられる間欠性爆発性障害の可能性がある子どもの場合、自ら怒りを抑制することが極めて困難です。そのような子どもが先生のところに相談に来ましたら、まずは子どもの自責の念を緩和するためにも、子どもの気持ちを受容し、傾聴するようにしてください。抑制の利かない自分自身に対して罪悪感や劣等感を抱いている子どもは少なくありません。

怒りの抑制ができないので、
やさしく話を聞いてあげる
（対応）

現在、間欠性爆発性障害に対しては、以下に示す二つの対応法のいずれか（あるいは併用）をすることが一般的です。

一つは「心理療法」で、攻撃性を回避させる方法として主にバイオフィードバック法とよばれている心理療法が用いられています。もう一つの方法は「薬物療法」です。精神安定剤など怒りをコントロールする薬物が子どもの症状に応じて処方されます。

子どもの気持ちを受け止めた上で対応としては大きく分けて二つの方法があることを子どもやその保護者に説明するようにしてください。そして、どうしても感情をコントロールすることが困難である場合、本人や保護者の理解が得られるようであれば、これらの対応をしていただける医療・相談機関を訪れるようにご指導ください。

性格・行動

誰でも人前での発表やスピーチは緊張します。しかし、緊張のあまり「声が上ずり、言葉が出にくくなってしまう」「声や手足が震えだしてしまう」といった状態になってしまう子どももがいます。このような子どもの背景や対応法を検討してみましょう。

事例44

緊張のあまり声が出なくなったりする子

社交恐怖

社交恐怖（あるいは社交不安症／社交不安障害）という言葉をお聞きになったことがあるでしょうか。以前は対人恐怖、上がり症、赤面恐怖、視線恐怖などとよばれていました。最近、新聞やテレビなどで社交恐怖の広告が出るようになりましたので、ご存じの先生方も多いと思います。

社交恐怖とは「集団の中で注目が集まり、恥をかいてしまうかもしれない社会的状況（たとえば人前での発表や会食など）」で過剰に心身が緊張してしまい、強い恐怖・不安を感じるようになることです。心身の過剰な緊張により、声が出ない、体が震える、息苦しくなる、動悸が激しくなる、汗が出てくる、顔面が赤くなる、緊張して倒れそうになる、など多様な症状が現れます。

誰でも人前では緊張したり、上がったりしてしまうことはありますが、社交恐怖の子どもでは「恥をかいたらどうしよう」「失敗したらどうしよう」

「変な人だと思われたらどうしよう」「周囲に不快感を与えているのではないか」といった不安が過剰ともいえるほど増大していきます。

　最初のうちは「性格的な問題」と考えることが多く、「赤面が気になりマスクをする」「体臭を気にして微香性のスキンクリームなどを目立たないように塗る」など、さまざまな対策を講じようとしますが、ほとんどの対策は緊張感の緩和には役立ちません。その結果、恐怖を感じる社会状況を次第に回避するようになり、「学校へ行くことができない」「はじめての人と顔を合わすことができない」といったように学校・社会生活が円滑に営めないようになり、社会的に孤立するようになってしまうこともあります。

赤面は人前で過剰に
緊張してしまい不安を感じる症状

　社交恐怖になる原因は、まだはっきりしていません。しかし、成長過程での行動抑制の素因やドーパミン、セロトニンといった脳内神経伝達物質が関与していると考えられています。社交恐怖で苦しむ人の割合は3～13％と決して珍しいものではありません。発症は小学校に入学する頃から始まり、10代が最も多くなります。

社交恐怖チェックリスト

　子どもが社交恐怖ではないかと疑われるときには、次に示す質問に該当する項目があるかどうかを確認するようにしてください。一つでも該当する項目があるようですと社交恐怖である可能性があります。

・周囲に人がいると緊張したり、不安に感じた

りすることがある
・人前で話をすると恥をかくのではないかと不安である
・何をしても失敗してしまうのではないかと不安である
・人と会う約束をしてしまうと何日も前から悩んでしまう
・知らない人と一緒にいると震えたり、冷や汗をかいたり、顔が赤くなったりする
・人が集まる場所を避けることが多い

対応法

対応の基本は、子どもが人前でまったく緊張しないようにすることではなく、緊張しながらも本人がやりたいと思っている活動をすることができるようになることです。社交恐怖で苦しんでいる子どもの場合、就学前から「人見知りする」「なかなか集団の中に入ろうとしない」など対人関係上の問題が根底にあり、「人前で失敗した・恥をかいた」という心的外傷体験（トラウマ）が引き金となり、対人関係で緊張して発症してしまうケースが多々あります。

このような場合、ソーシャルスキルトレーニング（生活技能訓練、SST）が有効となることがあります。SSTとは、「人とうまく関わっていくための方法」を訓練により身につけることです。六つのステップから構成されています。

第1ステップが「インストラクション（教示）」、第2ステップが「モデリング（手本を示す）」、第3ステップが「リハーサル（練習）」、第4ステップが「実行」、第5ステップが「フィードバック（結果の評価）」、第6ステップが「般化と維持（日常的な定着）」です。

SSTにおいて重要な点は、子どものさまざまな行動や対応を否定するのではなく、先生方が温かく受容する姿勢です。

たとえば、子どもが「友だちを遊びに誘うことができない」と悩んでいる場合、SSTでは、

次のように順次1～6のステップで指導します。

1インストラクション（教示）：友だちを遊びに誘う練習をしてみましょう。

2モデリング（手本を示す）：友だちの予定を聞き、何も予定がないことを確認した上で、一緒に遊びたいことを伝えてみましょう。たとえば「今日、家に帰ってから予定ある？」と尋ね、予定がないと友だちが言ったら「それじゃ一緒に遊ぼう」、予定があると言ったら「残念だね。でも今度、一緒に遊びたいね」と手本を提示します。

子どもの行動・対応を否定せず温かく受容してやる（対応）

3リハーサル（練習）：子どもと練習します。うまくできたら褒めるようにします。

4実行：実際に子どもにやらせてみます。

5フィードバック（結果の評価）：子どもがうまくできたら「褒める」ことが大切ですが、できなくても叱るのではなく、適切な対応を具体的に教えるようにします。

6般化と維持（日常的な定着）：くり返し実行させ、定着をはかります。

SSTを用いても改善が見られない場合には、保護者や本人と相談の上で医療機関もご検討ください。

近年、薬では選択的セロトニン再取り込み阻害薬（SSRI）の一つである「マレイン酸フルボキサミン」(商品名としてはデプロメールやルボックスなど）が、社交恐怖に効果的であるとして厚生労働省に認可されています。また認知行動療法としてはリラクセーションや呼吸法、暴露反応妨害法などが用いられることが多いようです。

性格・行動

全校朝礼・学年集会などや、電車・バスなどの公共交通機関を嫌がる子どもはいませんか。このように大勢の人が集まる所を避けるようでしたら広場恐怖症の可能性があります。どう対応したらいいのでしょう。

事例45

人が多く集まる場所を避ける子

広場恐怖

広場恐怖の広場とは「市民が多く集まり、議論を戦わせたり、市場を開いたりする広い場所」を意味していました。物理的な広い場所というよりも人が大勢集まる場所という意味で用いられていました。広場恐怖症とは、この「人が多く集まる場所が怖い」ということになります。具体的には不安になり、その場から逃げ出したいのにもかかわらず周囲の人から見られていると考えると逃げ出すことができず、その場所に閉じ込められてしまうのではないかと恐怖感をもつ状態をいいます。

広場恐怖が生じる典型的状況としては、集会で列を作って並ぶ、教室の真ん中の席に座る、バス・電車に乗るといった場面があります。こういった場面で居心地の悪さを感じるだけの子どももいますが、激しい動悸やめまい、呼吸困難、大量の発汗、手足の震えなどを特徴とするパニック発作を起こしてしまう子どももいます。いずれにしても「同じ場所に行くと、また嫌な体験をするのではないか」といった予期不安から、その場所を回避するようになり、やがて人が多く集まるところを避けるようですと広場恐怖症ということになります。

広場恐怖症が深刻化してしまいますと徐々に不安を感じる場所が増え、日常生活に支障をきたし「自宅に引きこもる」といったように外出そのものが困難になってしまう外出恐怖症に発展してしまうこともあります。男女比は1対2と男性と比べて女性の方に多く発症し、女性の4%、男性の2%程度が広場恐怖ではないかと推計されています。

広場恐怖のレベルには、以下に示すように軽度・中度・重度の3段階があります。

軽度：外出に少し不安を感じるが、必要なところに何とか行ける

中度：誰かに付き添ってもらわなければ、1人で外出できない

重度：家から出ることができなくなり、引きこもってしまう

人が集まる場所に行かない

電車やバスに乗ると体が震える

外出恐怖症になる

過去の経験がトラウマとなり
特定の場所には絶対に行かない

軽度の状態で適切に対応しないと、苦手と感じる場所が増え、ついには外出が困難となってしまうことがありますので早期の対応が求められます。

広場恐怖症のチェックリスト

子どもが広場恐怖症であるのか、ないのかを判断する材料として、以下に示すチェックリストをご利用ください。子どもに以下の六つの質問をしてください。三つ以上の項目に該当するようですと広場恐怖症の可能性があります。その場合には次の対応法を参照してください。

- ・人がたくさん集まる場所（朝礼や集会など）に行きたがらない
- ・電車やバスに乗ろうとすると体が震えたり、めまいや吐き気がしたり、過呼吸になったりしている
- ・昼休みや放課後、友だちと遊ばなくなっている
- ・学校を休むことが多くなっている
- ・1週間以上、家から外出していない
- ・家から外に出ないため学業や生活に支障がある

対応法

チェックリストや学校生活の様子から広場恐怖症ではないかと考えられる子どもには、次のような対応をご検討ください。

(1)子どもへの示唆

「人が多く集まる場所が怖い」と訴える子どもには、まずその気持ちを受容し、子どものつらさ・不安に共感するようにしてください。子どもが動悸やめまい、過呼吸、冷や汗、手足の震えといったパニック発作で「死んでしまうのではないか」と思えるほど苦しく不安になっていることを理解しつつも、これらの症状で体に障害が残ったり、死んでしまったりした人は1人もいないことを子どもにお話しください。

また、パニック発作の症状はどんなに長くても10分以内には治まりますので、子どもには過度に心配しないようにお伝えください。これらの指摘

をした上で居心地が悪くなったり、パニック発作の症状が出たりしても外出することから逃げないようにご指示ください。

上述した指導をしても子どもの症状に改善が見られない場合には、保護者と協議の上で児童精神科や心療内科、精神科といった専門医の受診をご検討ください。適切な治療を受けませんと症状はさらに悪化し、通学が困難となり、ついには「引きこもり」や不登校といったことになってしまうケースもあります。

過呼吸、冷や汗、手足の震えなど、パニック発作を心配せずどんどん外出させる

(2)医療機関の対応

医療機関では、精神療法・心理療法・薬物療法が用いられることが一般的です。精神療法・心理療法としては、精神分析療法や森田療法、認知行動療法が効果を上げていることが報告されています。とくに認知行動療法の中でも「系統的脱感作」とよばれている心理療法は90％以上の人に有効性が認められています。

子どもが恐怖や苦痛を感じる場面・場所を弱いものから強いものへと段階的にくり返して提示し、行くことができるように成功体験を積み重ねることで、特定の場所への不安感を克服する方法です。

また薬物療法としては、ベンゾジアゼピン系抗不安薬やセロトニン作動性抗不安薬、選択的セロトニン再取り込み阻害薬（ＳＳＲＩ）などが用いられます。軽度の場合はベンゾジアゼピン系の精神安定剤を、重度の場合にはドグマチールやレキソタンなどの抗不安薬やＳＳＲＩが処方されることが多いようです。

性格・行動

事例46

爪をかむ癖のある子

子どもによく見られる癖の一つに「爪かみ」があります。爪かみを「やめたいのにどうしてもやめられない」という本人や保護者からの相談も少なくありません。どのように相談に対応したらいいのかを検討してみましょう。

爪かみの症状

爪をかんでしまう子どもの中には、爪を切る必要がないほどかんでしまい、爪がギザギザになる、深爪になるといったことがあります。ひどい場合、かむことができる爪がなくなってしまい、指先の皮膚をかみ、「爪の付け根の甘皮がむける」「出血してしまう」ということもあります。さらには、足の爪をかむようになってしまう子どももいるほどです。

　爪かみで歯並び・かみ合わせが悪くなることは一般にはありませんが、前歯の根が短くなったり、前歯の切端が磨耗したり、あるいは前方の歯で食物を食べようとする癖がついてしまうことがあります。また、指しゃぶり、歯ぎしり、チック、夜驚症（夜泣き）などを併せ持つようになることもあります（爪かみだけでなく、指しゃぶりや歯ぎしりを伴うようですと歯並び・かみ合わせに影響することがあります）。

爪かみの原因

爪かみの原因は、一般的には不満や不安から生じるストレスであるといわれています。欲求不満や過度の緊張、退屈などの心理的要因が根底にあり、精神的緊張を解消するための手段の一つとして、爪をかむとされています。ケースによっては、「保護者が干渉しすぎる」「しつけが厳しすぎる」、逆に「放任され、かまってもらえず、愛情に飢えている」といったように、情緒的に安定した親子関係を保つことができないことが背景にあり、「爪かみ」をしてしまう子どももいます。

これといった大きなストレスや不安がないにもかかわらず、爪をかんでしまう子どももいます。その一つが指先の感覚が非常に敏感な子どもで、爪にモノがあたる感覚が嫌で、気持ちが悪いと感じられるようです。「爪かみ」をするもう一つのケースは、癖になってしまっている子どもです。この場合、爪かみが習慣化してしまいますので、本人が意識してやめようと思わない限り、大人になってもなかなかやめられなくなってしまうことがあります。

欲求不満を解消するために
爪をかむ

対応法

軽度の場合には経過観察をするようにしてください。爪かみは、年少から学童期にかけてしばしば見られる「神経性習癖」とよばれている行動です。大多数のケースは一過性で、年齢が上がるのにしたがって徐々に減少するようになります。

爪かみが激しい場合、なんとかやめさせようとして、「不潔だからやめなさい」「指が腐ってしまうよ」などと厳しく注意することがありますが、ほとんど効果はありません。反対に注意がストレスになり、さらにひどくなってしまうことがあります。対応としては、爪かみが起こる原因別に対応の仕方を変えていくことが求められます。

(1)ストレスが原因であると考えられる場合：ストレスの原因を改善しないで無理やり「爪かみ」をやめさせようとしても、症状をさらに悪化させてしまいかねません。また、たとえ「爪かみ」が減少しても、抜毛症や指しゃぶり、チックなど別のストレス発散法に移行してしまうことも珍しくありません。ただし、ストレスの原因を取り除くことができればいいのですが、多くの場合、取り除くのが容易ではないこともあります。ストレスを取り除くことが困難な場合には、子どもにストレスを軽減できる方法を指導するようにしてください。

ストレス軽減法としては、その子どもに合ったものを見つけていくことが大切です。「ゆっくり風呂に入ったり、寝たりするなど休息をする」「スポーツやジョギング、ストレッチなど軽い運動をする」「映画や音楽、テレビ、まんが、ゲームなど自分が好きな娯楽を楽しむ」「大きな声で泣いたり、笑ったりするなど自分の気持ちを出してみる」「絵を描く、音楽を演奏するなど創作活動をする」「部屋の模様替えや買い物などで気分転換をする」などのストレス解消法を先生方から子どもにご提案ください。

これらの方法でもストレスの軽減が困難である場合、呼吸法や筋弛緩法、自律訓練法といったストレス軽減のための対応をご検討ください。

(2)指先の感覚が非常に敏感な子どもの場合：爪を切るのを忘れてしまったり、面倒で切らなかったりしたとき、爪をかんでしまうことが多くなりますので、定期的に爪を切るようにご指導ください。

(3)癖になっている場合：かんでいるところを見つけましたら「やめなさい」と叱るのではなく、体に優しく触れるなどして、かんでいることに気づかせるようにしてください。

子どもの自尊心を傷つけないようにしながら、自分からやめようとする気持ちにさせることが大切になります。その際、汚れた爪をかむのは不潔であることと、周囲の人から見て好ましくない印象を与えることを優しく言うようにしてください。

ゆっくり風呂に入り自分の気持ちを大きい声で出してみる

また、爪かみをしていることに自ら気づかせる方法として、「バイターストップ」などの薬も市販されています。爪に塗っておきますと、爪をかんだとき強い苦味が感じられますので、爪かみに気づき、抑制できるようになります。

手袋をつけさせるのも一つの方法です。子どもは爪を無意識のうちにかんでしまいますので、手袋により「あ、今かんじゃった」と意識させることができるようになります。

(4)原因がよくわからない場合：子どもの話を傾聴し、子どもと向き合う時間をつくるようにしてください。また子どもが低学年であれば、スキンシップをはかり、子どもの精神状態を安定させることを心がけてください。子どもの話の傾聴やスキンシップは家庭でも実践するように保護者に促してください。

これらの対応で改善が見られない場合、教育相談機関や児童精神科で相談することも選択肢になります。保護者に検討するようご指示ください。

「子どもの火遊びに、どう対応したらいいのか」といった相談を保護者から受けましたら、先生方はどのように指導していらっしゃいますか。子どもが火遊びをくり返す背景、火遊びをする子どもへの具体的指導法などについて考えてみましょう。

事例47

火遊びをする子

子どもの火遊びの現状と背景

「子どもが自分の部屋でローソクに火をつけて遊んでいて、火が近くにあった物に燃え移った。危うく火災になるところだった」。この例のように、子どもによる火遊びが火災につながったり、火災には至らなくても一歩間違うと大変なことになっていたというケースは少なくありません。

ライターやマッチなどの発火道具に子どもが格段の興味を持つ傾向にあることは、さまざまな調査から明らかになっています。たとえば㈱サーベイリサーチセンターの調査によりますと、「幼い子どもがライターを触っているのを見たことがある」と回答した保護者が24%、「ライターに触ってはいないが、子どもが興味を持っている」と回答した保護者が20%に達していました。ほとんどの子どもは、火や炎の美しさを楽しもうとしたり、禁止されている火遊びをあえて行いスリルを味わおうとしたりしていると考えられます。また、子どもの火遊びで火事に至ったケースを男女別でみますと男児が9割を超えており、男児の方が火や炎に興味・関心が高いことがうかがわれます。

偶然、火遊びをしている子どもを見つけたとき、ほとんどの保護者は厳しく叱り、どんなに火が怖いものであるのかを教えていることと思います。保護者の叱り方の度合いが尋常ではないことがわかると、大多数の子どもは一時的に火遊びをやめます。しかし、それでも火遊びをくり返してしまう子どもが少なくありません。

小さな子どもがライターで遊んでいるうちに、容易に火がついてしまわないようにするため、経済産業省は使い捨てライターに「チャイルドレジスタンス機能」とよばれる安全ロックの取り付けを義務づけることを２０１０年に決定し、２０１１年夏からは安全ロックが付いていない使い捨てライターの販売が禁止されています。安全ロックの取り付けは、就学前の子どもには有効なものとなると考えられます。しかし、「子どもの火遊び」で起こる火事の7～8割が5～12歳というライターの安全ロックを自ら解除できる子どもであることを考えると、安全ロックの取り付けを義務化しても、その対策が直ちに子どもたちの火遊び防止に大いに役立つとは考えられません。

指導・対応法

それでは、火遊びをする子どもに対してはどのように対応したらいいのでしょうか。火遊びによる火災防止のポイントとしては、まずは以下の子どもに対する指導上の注意点を保護者と教員の双方が共有しておく必要があります。

・ライターなど火気用品は子どもの手の届くところに置かない（とくにピストル形のライターなど子どもの興味をそそる形状のものは保管・管理を徹底する）
・子どもだけで火を取り扱わせない（火を使うときは必ず大人が立ち会う）
・さまざまな機会を通して、火災の恐ろしさ・

正しい火の取り扱い方を説明する

・火遊びをしているのを見かけたら注意する

しかし、相次ぐ火災の実態調査の結果を踏まえますと、これらの注意喚起だけでは限界があることも明らかです。それでは、火遊びをくり返す子どもに対して、養護教諭の立場からどう指導したらいいのでしょうか。

まず大切なことは、火遊びをする子どもの話を叱らずに傾聴することです。「○○くんは、火に興味があるんだね」といったように話を切り出し、その子どもが火に興味を持つに至った要因を探るようにしてください。

傾聴の際、留意点としては、火遊びが単なる火に対する好奇心からであるのか、それとも衝動的に火遊びをしてしまうのかを見極めることが求められます。好奇心からであると判断される場合には、強く注意を促すとともに、火遊びがどれほど大変な災害を引き起こしてしまうのかを映像や体験などを通じて教えることが求められます。

しかし、衝動的に火遊びをしてしまう子どもに対しては、指導上の注意が必要となってきます。衝動的に火遊びをくり返してしまう子どもの中には、保護者がほとんど子どもに話しかけない、一人遊びばかりさせているなど養育放棄（あるいは放任）に近い状況となっていることがあり、保護者の愛情や注意、関心を引くために火遊びなどの問題行動を起こしているケースが多数あります。

このような子どもの場合には、叱ると不安感や緊張感がさらに増大し、新たな情緒的問題を引き

子どもを放任せず、
一緒に楽しむようにする
（対応）

起こしかねません。保護者に対しては、子どもと「話す」「一緒に楽しむ」などの時間を持つようにご指導ください。

衝動的に火遊びをしてしまう子どものもう一つのタイプは「放火癖」といわれているものです。「放火癖」は自分のストレスを回避するために放火するのではなく、放火それ自体が楽しくてやっています。放火をする前に異常なまでの喜びを感じ、放火後は燃え上がる様子や消火活動に取り組む人たちの活動あるいは、やじ馬たちの反応に強い関心や興味を抱いています。放火癖に対しては専門的知識・対応が必要ですので、保護者と連携の上で、臨床心理士や児童精神科医と対応を検討するようにしてください。

子どもの火遊びが「好奇心か」「衝動的か」を見極めることが大切

子どもの火遊びのチェックポイント

以下に示す点が子どもにあるかどうかを注意して、子どもを見守るようにしてください。

・ライターなどの発火道具に興味をもち、持ち歩いている
・火に対して異常な関心を示し、火災が起きると面白がって騒ぐ
・火遊びをくり返す
・劣等感や不平不満が強く、衝動的な行動をしがちである
・友だちと秘密の場所（山・神社・倉庫・廃屋など）があり、そこで遊んでいる
・家庭が子どもを放任しており、子どもが情緒不安定になっている

いじめ・虐待・異性

最近、「性別違和」という言葉を耳にします。日本でも2006年に小学2年の男児が性別違和と診断され、女児として通学していることが報じられました。自分の性に違和感を覚えている子どもは相当数いると考えられています。

事例 48

性別違和の子

性別違和の子どもの診断基準

「私は男である」「私は女である」と性別をはっきりと自覚することを「性自認」といいます。自分が抱く性自認と、生物学上の肉体としての性が一致していない状態を性別違和（以前は性同一性障害）といいます。国際的な診断基準であるDSM－5では、次の要件を満たした場合に性別違和としています。

ここでは、青年および成人の性同一性障害の診断基準を省略し、子どもの診断基準だけを紹介します。

A．その人が体験し、または表出するジェンダーと、指定されたジェンダーとの間の著しい不一致が、少なくとも6ヵ月、以下のうちの六つ以上によって示される（その中の一つは基準A1でなければならない）

(1)反対のジェンダーになりたいという強い欲求、または自分は違うジェンダー（または指定され

たジェンダーとは異なる別のジェンダー）であるという主張

(2)（指定されたジェンダーが）男の子の場合、女の子の服を身につけること、または女装をまねることを強く好む。また、（指定されたジェンダーが）女の子の場合、定型的な男性の衣服のみを身につけることを強く好み、定型的な女の子の衣服を着ることへの強い抵抗を示す

(3)ごっこ遊びや空想遊びにおいては、反対のジェンダーの役割を強く好む

自覚する性と肉体の性が一致しないで違和感を抱いている

(4)反対のジェンダーに定型的に使用されたり、または行われたりする玩具やゲームまたは活動を強く好む

(5)反対のジェンダーの遊び友だちを強く好む

(6)（指定されたジェンダーが）男の子の場合、男の子に定型的な玩具やゲーム、活動を強く拒み、乱暴で荒々しい遊びを強く避ける。また、（指定されたジェンダーが）女の子の場合、女の子に定型的な玩具やゲーム、活動を強く拒む

(7)自分の性器の構造を強く嫌悪する

(8)自分の体験するジェンダーに合う第一次および／または第二次性徴を強く望む

B．その状態は、臨床的に意味のある苦痛、または社会、学校、または他の重要な領域における機能の障害と関連している

性別違和の子どもが抱える問題

岡山大学が同大学ジェンダークリニックを

1997～2006年に受診した性別違和の子ども661人を対象に問題行動の発生率を調査したところ、不登校が24.5％、自殺念慮が68.7％、自傷・自殺未遂が20.6％など深刻な問題を抱えていることがわかりました。また、これらの問題行動は、思春期を迎える小学校高学年や中学校の時期に集中していました。

性別違和の子どもは自分の性に対して違和感を抱き、トイレや服装などの問題で悩んでいます。その上さらに思春期に二次性徴が始まると、自分が望んでいない性に向かって身体的変化が生じるのですから、その焦燥感や絶望感は計り知れないものがあり、自殺念慮や自殺企図が高まるのは十分に予測されることです。

このようなとき、身近な存在である保護者や先生に自分の問題を相談できれば精神的安定感を維持することも可能ですが、相当数の子どもが一人で悩んでしまい、さまざまな問題行動を起こしてしまうようです。

一時、男（女）児が女（男）児的な行動をとることはまれではない

対応法

それでは子どもや保護者から相談を受けたとき、先生方はどのような点に留意すればいいのでしょうか。

以下に留意点をあげることにします。

(1)性別違和と決めつけない：前述した診断基準に該当しているとしても直ちに性別違和とは決めつけないでください。子どもの場合、男児が女児的な、女児が男児的な行動をとることはいくらでもあります。

(2)専門医による診察を受ける：子どもの性自認が生物学的な性と一致せず、子ども自身が通常の生活をしていく上で著しく困惑しているようであれば、性別違和の知識のある精神科医の診断を受けるようにご指導ください。性別違和の診断は容易ではありませんので、専門的知識が必要となってきます。

(3)子どもと大人の性別違和の違い：最近の研究からは、子どものときに性別違和の診断を受けても、必ずしも大人になって性別違和になるわけではないということが明らかになっています。また、思春期の子どもが両性的混乱（性アイデンティティーの混乱）を起こし、一時的に自分の性が不明確になることがあることも知られています。

以上の指摘からわかるように、子どもの時期に性別違和（あるいはその疑い）があっても不確定要素が多く、性別違和と断定した先回りの指導は避けた方がよいと考えられます。

教師や保護者の指導上の留意点としては、子どもの話を傾聴し、子どもの訴えや苦痛、不安を受け止めるようにしてください。その上で子どもの苦痛があまりにも甚大である場合には、学校として可能な個別対応を検討してください。

対応の基本は、子どもの苦痛・不安を受容し共感的理解を示すことです。

第二次性徴期になると
身体的に変化が生じ
男か女かでの悩みは
計り知れない

いじめ・虐待・異性

事例49

「ネットいじめ」を受けている子

「ネットいじめ」とは、インターネット上で特定の個人を誹謗《ひぼう》中傷したり、個人情報をばらまいたりすることです。「ネットいじめ」の被害の実態や被害者への支援法を考えてみましょう。

「ネットいじめ」の媒体と実態

「ネットいじめ」は、ネット上の掲示板やプロフ、メールなどの電子媒体を用いて行われます。ネット上に個人の誹謗中傷や個人情報が流出しますと、「自分が常に悪口を言われているのではないか」と非常に不安な気持ちになり、不安障害などの精神疾患で苦しむこともあります。以下では「ネットいじめ」の代表的媒体と実態の一部を紹介します。

(1)**学校裏サイト**：特定の学校の話題を扱う非公式の匿名掲示板です。もともとは子ども同士の情報交換が主な目的でしたが、写真や名前、住所、メールアドレスなどの個人情報が本人の了解がないまま掲載されたり、誹謗中傷が書き込まれたりします。「○○中学　掲示板」「△△中学　スレッド」「××高校　ミルクカフェ」とインターネットや携帯電話で検索してみてください。ほぼすべての学校の掲示板があるはずです。学校裏サイトには、本人が掲載を望まない画像（わいせつな写真など）や「うわさ・悪口」などが満載されています。

(2)プロフ（プロフィールサイト）：本来は携帯電話用の自己紹介ページです。自己紹介用のホームページに勝手に顔写真を載せられ、本人が知らない間に「援助交際をしたい」などのデマ情報や非難中傷が書かれてしまいます。

(3)なりすましメール：メール発信者が他人のメールアドレスを勝手に用いて、第三者に非難中傷するメールを送りつけ嫌がらせをするものです。子どもたちは、某携帯サイトを使えば簡単に他人になりすまして携帯メールを送付できることをよく知っています。

(4)チェーンメール：「不幸の手紙」のメール版です。たとえば、ヌード写真の顔の部分を「いじめ」の被害者の顔と入れ替え、わいせつ画像を複数の子どもに送りつけます。その際に「10人に転送しないと今後はおまえの写真を別のやつに送る」などと脅します。

「ネットいじめ」の特殊性

「ネットいじめ」には、通常の「いじめ」と異なる点がいくつかあります。以下では、それらの中の代表的なものを紹介しましょう。

(1)「ネットいじめ」では、管理者が削除しない限り誹謗中傷などの記録がいつまでも残り、子どもが苦しみ続けることがあります。管理者がはっきりしない掲示板では削除要請が困難な上に、たとえ管理者が判明しても削除要請に応じないこともあります。

(2)「ネットいじめ」の加害者側は、本人であることを確認されないようにするために、インターネットカフェやプロキシサーバーを経由して非難中傷をすることが多く、匿名性が保たれます。直接、「いじめ」をするわけではありませんので、被害者の痛みがわからず、徹底して攻撃してしまいがちになります。

(3)悪意あるメッセージは短時間で多くの人の目に

さらされて一気に広がります。そのため同じ学校の子どもだけでなく、近隣の学校の子どもにも知られるようになります。

(4)教師や保護者は、子どもの利用している掲示板などをこまめに確認できないため、「ネット上のいじめ」は「いじめ」よりもさらに陰湿化し、実態把握が困難となります。

対応法

「ネットいじめ」を子どもや保護者から相談を受けた場合には、まず精神的にショックを受けている子どもの苦しみを傾聴し、子どもの内面を理解することに努めてください。基本的には来談者中心療法の姿勢で臨むことが必要となります。それほど子どもの心は傷ついています。また「ネットいじめ」では、被害者が混乱・苦痛の様子を示せば示すほど、さらに面白がって「ネットいじめ」をするようになります。

先生方は子どものつらい気持ちを受け止めつつも、友だちの前では「平気なふり、無視するふり」をするように子どもに伝えてください。「ネットいじめ」で被害者が傷ついていないと加害者が判断すれば「いじめ」をしても面白くないので、誹謗中傷は一気に減少することがあります。

その上で被害の拡大を防ぐために次の手順をご検討ください。

(1)誹謗中傷などの書き込みや個人情報の内容を確認する。その際、掲示板等のURLと内容を保存する（保存が困難であればデジタルカメラ

電子媒体によるいじめが原因で
精神的に苦しむ子どもは多い

で撮影する)。

(2)掲示板等の管理者に削除依頼する。ただし、依頼は誹謗中傷されている子どもからするのではなく、保護者や教師が管理者に対して行う。その際、子どもからの依頼だということは伝えないようにする。

(3)掲示板等の管理者に削除依頼をしても回答がない（あるいは削除要請に応じない）場合には、掲示板等のプロバイダーに削除依頼をする。

(4)プロバイダーが削除に応じない場合には、警察や法務局、地方法務局に通報する。

(5)子どもには保護者や先生が削除に向けてどのような活動をしているのか、本人に連絡する（保護者や教師が対応してくれているので本人は安心するようになる)。

掲示板の管理者に
削除を依頼する

以下に警察庁、警視庁の相談・通報の窓口を示します。また、京都府教育委員会のように「ネットいじめ」に対する通報窓口を教育委員会として持っているところもありますので、お調べください。

・警察庁　サイバー犯罪対策（http://www.npa.go.jp/cyber/）
・警視庁　情報セキュリティ（http://www.keishicho.metro.tokyo.jp／haiteku/）
・インターネット・ホットラインセンター（http://www.internethotline.jp/）
・京都府教育委員会ネットいじめ通報サイト（http://www1.kyoto-be.ne.jp/gakkyou/netijime.htm）

第7章

いじめ・虐待・異性

昆虫を踏みつぶしたり、犬や猫を棒でたたいたりするなど、平然と動物を虐待する子どもはいないでしょうか。動物への虐待は「たかが動物いじめ」と軽視されがちですが、大きな問題が潜んでいることがあります。動物虐待の問題点と対応法を考えてみましょう。

事例50

動物を虐待する子

子どもの動物虐待の問題点

幼児や低学年児童の場合、「トンボの羽をむしり取ってしまった」「アリを踏みつぶしてしまった」というように、昆虫など小動物に対して虐待とも思える行為をしてしまうことがあっても不思議ではありません。それは、これらの行為が「まだ子どもが未成熟で、小動物をどのように取り扱えばいいのかといった社会的スキルや認識が不足している」と了解可能なためです。大多数の子どもは年齢が上がるにしたがって、こういった動物への残虐をしなくなっていくのが一般的です。

しかし、年齢が高くなっても動物への虐待行為を続けてしまう（あるいは増加させてしまう）子どもがいます。動物への虐待を続けてしまう子どもの問題として、以下に示す三つの可能性が指摘されています。

①動物を虐待する子ども自身が虐待を受けている、あるいは家族の誰かが虐待されるのを目

撃している

②強い劣等感を抱いている

③将来、反社会的行動をとる

①の「子ども自身が虐待を受けているか、虐待を目撃している」とは、子どもが動物虐待をしている背景として、保護者がその子どもを虐待しているか、あるいは子どもには虐待していなくても妻や老人など家庭内の弱者を虐待しているケースが多いという研究知見に基づくものです。虐待を受けた子どもの中には、自分が受けた虐待行為を、自分より弱い動物に対して行う傾向が見られることが知られています。これは、虐待する人に対する怒りを、より弱い動物を虐待することで発散していると考えられています。

小動物や子どもの弱いもの
いじめが動物虐待を招く

②の「強い劣等感を抱いている」とは、劣等感の反動として「自分より弱いものをいじめることにより、自分が強者であるという優越感を味わいたい」という願望から動物虐待をくり返してしまうというものです。この場合、相手が自分より弱いと判断されれば動物に限らず弟や妹なども虐待の対象となってしまいます。

③の「将来、反社会的行動をとる」とは、動物を虐待する子どもが成長したとき、動物虐待を行わない子どもと比べて、暴力や薬物乱用、殺人などの反社会的行動をとる割合が極めて高くなるという研究知見に基づいたものです。

谷敏昭氏の調査によりますと、一般中学生で動物虐待経験がある者は約40％、非暴力系事件を起こした犯罪少年で動物虐待経験がある者は約

55％、暴力系事件を起こした犯罪少年で動物虐待経験がある者は約80％と、暴力をふるった子の動物虐待経験が、一般中学生と比較して格段に高くなっていました。

対応の基本

動物虐待をしている子どもを見かけたとき、対応の基本として養護教諭はその子ども（あるいは家族）が虐待されている可能性があることを踏まえておく必要があります。その際、子どもの生活環境や家族関係に留意してください（もちろん虐待という事実がないに越したことはありません。最悪の事態を想定しておく必要があるということです）。そして、もし子どもへの虐待が疑われるようであれば、学校としての対応を協議した上で児童相談所へ通報してください。

次に、子どもの動物虐待行為は、その子どもの人格・性格にゆがみや偏りが生じた結果として出現していると捉える必要があります。子どもが動物を虐待しているのを偶然見つけたとき、その行為を注意・指導する先生がいらっしゃいます。子どもの動物虐待に対する認識が不十分であるときには、このような注意・指導で問題はありません。しかし、注意・指導を何度かくり返しても動物虐待を行うようであれば、その子どもの人格にゆがみ・偏りがあると考えた方が妥当です。

上述したように子ども自身が虐待を受けていたり、劣等感の「かたまり」であったりした場合、動物虐待を叱るよりも動物虐待に至ってしまった子どもの内面を受け止めることにより、子どもの人格の成長・発達を促す必要があります。

具体的対応法

それでは、子どもの人格の成長・発達を促すために、どのように具体的に対応していけばいいのでしょうか。

動物虐待をくり返す子どもに対しては、以下に示す手順をご検討ください。

手順1「誰が子どもと話すのか（カウンセリングを行うのか）を決定する」：動物虐待を叱るのではなく、まずは子どもの話をじっくりと傾聴する必要があります。話の傾聴に熟練している養護教諭やスクールカウンセラーが担当してください。

手順2「子どもの話を傾聴する」：冷静に聞くには困難を伴います。しかし、子どもが動物虐待に至った経緯を批判せずに傾聴してください。子どもが児童虐待や劣等感にさいなまれているとすれば子どもも苦しんでいます。子どもの感情を受容してください。

子ども自身が
虐待を受けている反動で
動物虐待をすることがある

手順3「動物虐待の責任が子どもにないことを伝える」：子どもが虐待を受けている場合には、「動物虐待はあなたの責任ではなく、もっと大きな問題に発展していたのを防いでくれていた」と説明し、動物虐待の責任が子どもにないことをくり返し話してください。

手順4「感情表現の方法を教える」：子ども自身が虐待を受けていたり、劣等感にさいなまれていたりしている場合、子どもは怒りや恐怖、悲しみといった感情を内面に閉じ込めています。先生の前で、怒る、泣くなどの感情表現をするようにご指導ください。

手順5「動物に優しくするのを手伝う」：先生や保護者が見守っているなかで犬や猫をなでるなど、子どもが動物に優しくできるようにご指導ください。

あ

か

さ

●筆者

田原 俊司（たはら しゅんじ）

東京大学大学院教育研究科教育心理学専門課程博士課程修了。岐阜聖徳学園大学教育学部・同大学大学院国際文化研究科教授等を経て、現在、玉川大学教職大学院教授。専門は教育相談・教育心理学。「いじめ」や不登校問題に対して、保護者力の育成、保護者と学校との連携・協力の観点からスクールカウンセリングを実践。著書に「いじめ相談室－ベテラン教師からのメッセージ－」(八千代出版)、「いじめ考－いじめが生じる要因と対策について－」(八千代出版)、「神経症の行動療法－新版行動療法の実際－」（共訳　黎明書房)、「カウンセリングで子どもが変わる！－心の健康相談室」（健学社）など多数。

子どもの気になる症状と問題行動
－背景とその対応法－

2015年5月25日発行　第1刷発行

著　者　田原俊司
発行者　細井健司
発行所　株式会社 **健学社**
〒102-0071　東京都千代田区富士見 1-5-8　大新京ビル
TEL：03（3222）0557（代表）
FAX：03（3262）2615
URL：http：//www.kengaku.com
印刷所
製本所　シナノ印刷株式会社

定価はカバーに表示してあります。
万一、落丁、乱丁の場合は弊社負担にてお取り替えいたします。

　ISBN 978-4-7797-0380-5　Printed in Japan